GÉRER SON TEMPS, RÉSEAUTER, CONVAINCRE

GESTIONNAIRES, MANAGERS, ENTREPRENEURS, VOS 3 APTITUDES ESSENTIELLES

2ème édition

Jérôme Arnaud-Kubota

jerome@jeromearnaud.com

© 2021-2023 Jérôme Arnaud-Kubota
tous droits de reproduction, d'adaptation et de traduction interdits sans l'accord de l'auteur

INTRODUCTION	1
GÉRER SON TEMPS	7
CE QUE VOUS ALLEZ APPRENDRE	9
LE SUJET	10
S'ORGANISER	13
Dresser un état des lieux	13
Définir vos TPI (Tâches les Plus Importantes)	18
Définir des objectifs SMART	21
Définir l'impact de vos tâches sur vos objectifs	24
Planifier à l'envers	27
Premier point d'étape	28
Le sujet qui fâche : les to-do lists	29
Migrer d'une gestion de to-do list à une gestion d'agenda	31
Connaitre son apogée	37
Deuxième point d'étape	38
Réévaluer chaque tâche	39
Soigner la réunionite	42
Réduire le temps de réunion	45
Instaurer le jour sans réunion	47
Multitasking	48
Dire non aux vampires suceurs de temps	49
Refuser la surcharge d'information	53
Prendre davantage de pauses	56
Dire non à soi-même, la « NOT TO-DO LIST »	57
RÉSEAUTER	59
CE QUE VOUS ALLEZ APPRENDRE	61
LE SUJET	62
STRATÉGIE DE RÉSEAU	64
Les six degrés de séparation	64
Votre réseau aujourd'hui	66
Mobiliser un réseau	69
Cartographier	70

Votre réseau demain	72
Poursuivre la cartographie	72
Point d'étape	73
Identifier les joueurs : l'élément clé	74
Identifier les opportunités : les évènements	76

VOTRE CHARISME — 81

Qu'est-ce que le charisme	81
Apprendre la magie	83
La technique du miroir	88
La technique de la relance	90

AVANT UN ÉVÈNEMENT — 93

Se préparer	93
La première apparence	95

À UN ÉVÈNEMENT — 97

Votre entrée sur scène	97
Si vous ne connaissez personne	98
La poignée de main	100
Se présenter comme un produit	101
Briser la glace	102
L'art de questionner	104
La dynamique des groupes	107
Les zones interdites	108
Terminer une conversation	109

APRÈS UN ÉVÈNEMENT — 111

Remercier	111
Identifier les éléments clés	111
Mettre à jour votre réseau	113

DEVENIR UN MONSTRE DU RÉSEAUTAGE — 115

De réseauteur passif à réseauteur hyperactif	115

LINKEDIN — 117

Pourquoi LinkedIn ?	117
Bâtir sa marque personnelle	118
Votre photo	120
Votre titre, vos mots-clés	121
Votre résumé	123

Vos compétences	125
Vos réalisations	127
Promouvoir sa marque	128
Inviter	130
Écrire une recommandation	132
Recevoir des recommandations	133
Adhérer à des groupes	135
Créer et animer un groupe	136
0 à 100 km/h en six semaines	142
Maintenance	145

CONVAINCRE — 149

CE QUE VOUS ALLEZ APPRENDRE — 151

LE SUJET — 152

L'ART DE CONVAINCRE — 154
- Éthique de l'influence — 154
- Oubliez les faits — 155
- Le cerveau reptilien, le mésencéphale, le néocortex — 157

UNE PIÈCE DE THÉATRE — 160
- Le langage corporel — 160
- Les différences culturelles — 163
- La voix — 164

LA TECHNIQUE — 166
- Connaitre son public — 166
- Utiliser un ennemi commun — 167
- Gratuit, nouveau, deux mots magiques — 170
- Des adjectifs pour convaincre — 172
- Créer une vulnérabilité contrôlée — 173
- La psychologie des couleurs — 174
- L'ancrage de perception — 176
- La cohérence comportementale — 180
- Les similarités — 183
- La puissance de la répétition — 185
- Le sens de l'urgence — 188
- Non ! — 189
- La rhétorique hypnotique — 191

INTRODUCTION

« Connais-toi toi-même et tu connaîtras l'Univers et les Dieux. »

fronton du temple de Delphes

Aucune magie n'aura lieu ici sans une dose de lucidité et un peu de courage autocentré. Vous serez à la fois le magicien et l'objet du numéro. Nous nous engageons dans un parcours guidé de six semaines visant à découvrir et apprendre trois aptitudes essentielles à chaque gestionnaire, manager et entrepreneur. Rarement abordées dans les écoles et dans les programmes de formation professionnelle, les « qualités comportementales », parfois appelées « soft skills », sont des aptitudes essentielles s'opposant aux « compétences techniques » ou « hard skills ».

Débuter un livre à l'usage de gestionnaires par un long chapitre introductif serait une aberration contreproductive autant qu'un crime écologique.

Si vous êtes gestionnaire, entrepreneur ou intrapreneur, c'est que vous avez ce talent précieux d'aller droit au but, de concentrer votre énergie à l'essentiel et de ne vous attarder sur les détails que lorsque nécessaire.

Ce livre se veut un manuel, aussi pratique qu'il se peut, nous irons donc directement à la matière sans passer par des développements spéculatifs et théoriques ennuyeux et interminables. Tous les sujets seront traités au travers d'exemples concrets.

Il aura la particularité de couvrir un thème original : la machine humaine en général, et vous en particulier. À ce titre, il va vous demander deux efforts rarement associés à la lecture.

Le premier consistera à progresser avec une lenteur contrôlée. Vous pouvez choisir d'aborder les trois grands chapitres dans l'ordre qui vous semble le plus judicieux pour vous. Cela dit, laissez infuser, bénéficiez d'une digestion lente. Nous ne sommes pas ensemble pour que vous emmagasiniez gloutonnement des concepts théoriques, mais pour vous donner les outils d'une évolution concrète. Nous vous conseillons ainsi de vous consacrer à un grand chapitre par deux semaines, en privilégiant le lundi pour la lecture, nous y reviendrons.

Le second effort consistera à vivre ce manuel. À nouveau, il n'est pas destiné à l'intellect, mais à opérer les ajustements que vous jugerez bénéfiques. Vous devrez ainsi mesurer par vous-même de la valeur des outils proposés. Il sera donc important de les prendre en main et d'évaluer la plus-value qu'ils vous apportent. Si vous pouvez consacrer un espace à lecture chaque lundi, le reste de la semaine sera votre terrain de jeu pour pratiquer. Comme vous le verrez, les invitations à expérimenter différentes techniques dans votre quotidien ne manqueront pas.

Prenons rendez-vous, vous voulez bien ? Ouvrez votre agenda électronique, choisissez le jour et l'heure, et notez une rencontre avec… vous-même. Quand était-ce la dernière fois que vous avez bloqué du temps pour vous, juste vous et vous, en tête à tête ? Offrez-vous donc deux rencontres par semaine. La première, de deux heures, le lundi idéalement, en matinée, journée ou soirée, sera consacrée à la lecture, aux exercices, et à la méditation sur les sujets abordés. Un demi-chapitre par semaine serait un bon rythme de croisière. La seconde, d'une heure, le vendredi si possible, sera employée à dresser le bilan des expérimentations de la semaine, à faire un tri salutaire, et à prendre des engagements stratégiques, ceux de la suite de votre évolution.

Le fronton du temple de Delphes arborait ce qui est devenu maxime : « Connais-toi toi-même et tu connaîtras l'Univers et les Dieux ». Il serait bien ambitieux et prétentieux d'en faire l'objectif de ce livre. L'approche est cependant identique : progresser en s'étudiant soi-même.

Comme vous allez le voir, il y a beaucoup à découvrir.

GÉRER SON TEMPS

« Une personne qui ose perdre une heure n'a pas découvert la valeur de la vie. »

Charles Darwin

CE QUE VOUS ALLEZ APPRENDRE

- Développer une meilleure appréciation de la valeur du temps
- Établir un journal, cliché instantané de votre semaine
- Positionner un objectif de répartition entre vos activités planifiées et celles réactives
- Définir le critère d'importance d'une tâche
- Lister au quotidien vos tâches les plus importantes
- Établir des objectifs SMART
- Trier vos tâches par critère d'impact
- Rétroplanifier lorsque nécessaire
- Délaisser la gestion de to-do lists pour la gestion d'agenda
- Définir votre apogée productif
- Scruter chaque tâche et réviser, déléguer, abandonner
- Éviter les débordements des réunions
- Instaurer le culte de la journée productive
- Communiquer vos attentes sur la productivité des réunions
- Abandonner le multitasking
- Se faire respecter et se protéger contre les vampires suceurs de temps
- Instaurer une barrière aux sollicitations et mesurer la motivation des demandeurs
- Mettre en place des dispositifs contre la surcharge d'information
- Définir votre séquence concentration / pause optimale
- Abandonner définitivement les tâches ventouses

LE SUJET

Comme indiqué en introduction, il ne sera pas question d'entrer profondément dans des abstractions et théories sur la gestion du temps. Cela dit, il convient d'installer le sujet et son importance critique dans la vie du gestionnaire, manager, entrepreneur, et le poids prépondérant de son influence dans ses performances.

La gestion du temps est proposée en tout premier chapitre, non sans hasard. S'il y a une perception partagée par quiconque s'implique intensément dans son activité, c'est bien celle de manquer de temps.

Le temps est sans équivoque la ressource la plus chère, celle qui n'a aucun prix. L'argent éteint bien des incendies, il peut tuer un conflit, vous équiper de la meilleure expertise pour vous conseiller, vous former… il n'ajoutera jamais une heure ni une minute à votre semaine de travail, il ne vous ramènera pas en arrière, il ne freinera pas ceux qui sont sur le point de vous dépasser.

C'est à ce titre un merveilleux garant d'égalité. Nous sommes tous différents, avec des caractéristiques physiques et psychologiques qui vont nous aider ou nous pénaliser selon les situations. Certains sont plus talentueux pour les langues ou les mathématiques que d'autres, plus endurants physiquement, plus diplomates, etc. L'horloge cependant, demeure d'une équité parfaite. Vous, moi, le président des États-Unis, sommes confrontés au même mouvement de la grande aiguille.

Peu importe qui vous êtes, où vous habitez et ce que vous faites, vous enregistrez le même cycle de 24 heures qu'Elon Musk. Même s'il est à la tête de plusieurs entreprises et pilote les projets les plus audacieux, ses années comptent le même nombre de jours que les vôtres, ses jours le même nombre d'heures…

Nous avons tous 1440 minutes à notre disposition chaque jour. Chacune d'elle est précieuse même s'il nous vient rarement l'idée de valoriser cette ressource. C'est une grave erreur. Sans exception, les dirigeants les plus performants sont ceux qui comprennent et intègrent la valeur du temps. Ils connaissent et exploitent le potentiel de chaque minute.

Notre attention est trop souvent accaparée par un objectif, par la spontanéité des évènements de la vie, par des tentations et interruptions, pour que nous ayons en permanence à l'esprit l'équilibre que nous devons trouver avec l'horloge. De fait, nos choix sont rarement guidés par notre gestion des priorités. En d'autres termes, nous subissons le temps plus que nous le gérons.

Un outil très simple peut vous aider à vous recentrer sur une reprise de contrôle. Il s'agira d'une simple feuille de papier sur laquelle vous allez écrire en gros « 1440 ». Vous la placerez en évidence sur votre espace de travail. Elle vous servira de rappel constant du temps très limité et ô combien précieux dont vous disposez chaque jour. Questionnée, elle vous donnera l'opportunité d'expliquer à vos collaborateurs combien vous vouez un culte à qui sait gérer efficacement son temps tout en les invitant, avec diplomatie, à respecter le vôtre.

Exercice - trois respirations

Il sera régulièrement question d'effectuer des exercices et expériences dans ce manuel.

Le premier d'entre eux sera extrêmement simple.

Fermez les yeux, faites 3 cycles inspiration / expiration, rouvrez les yeux et poursuivez votre lecture.

Désolé de vous rappeler notre condition de mortels, mais si votre temps est compté sur cette planète, le nombre total de vos respirations dans votre vie l'est également... et je viens de vous en voler trois. Je l'ai fait pour une cause noble, mais il n'en demeure pas moins que je vous ai volé 3 respirations.

Si je m'étais faufilé dans votre portefeuille pour en soutirer trois dollars ou trois euros, vous me détesteriez : quelle malhonnêteté ! Vous rendez-vous compte ? vous travaillez dur pour gagner cet argent et vous vous faites voler ! Vous seriez fâché, probablement furieux.

Cependant, je viens de vous voler votre temps, trois respirations que je ne pourrais jamais vous rendre, et cela vous fait vraisemblablement sourire.

J'imagine que vous ne me donneriez pas votre carte bancaire avec son code, que vous ne laisseriez pas trainer des billets ici et là par crainte que quelqu'un ne vous vole votre argent. Pourquoi laisser vous trainer votre temps, ce bien si précieux ?

> **Exercice** - une minute
>
> Peut-être ne vous sentez-vous ni particulièrement offusqué ni victime, car le larcin est littéralement insignifiant. Il pourrait être hasardeux en effet de tenter la valorisation financière de vos trois respirations.
>
> Disons que je vous ai volé une minute. Je vous ai volé le temps de faire votre lit, de boire un verre d'eau, de penser à une chose très agréable, de manger une pomme, d'avoir une idée extraordinaire, de vous laver les mains…
>
> Prenez conscience de la valeur du temps en listant une douzaine de choses que vous pouvez faire en une minute.

Moins de stress, plus de confiance en soi, moins de frustration, plus d'épanouissement, ce sont tous des avantages qui découlent d'une bonne gestion du temps.

Nous allons rendre la valeur due au temps et aborder les méthodes pour le protéger et pour le dépenser de manière la plus avisée possible.

S'ORGANISER

Dresser un état des lieux

Dans ce chapitre, il ne sera question pas moins que de gérer sa destinée plutôt que la subir. Nous allons nous doter d'un outil pour comprendre votre présent afin de refaçonner l'avenir.

Avant d'aborder les sujets traitant d'une meilleure gestion, nous allons donc procéder à une introspection sous la forme d'un état des lieux. Idéalement, nous nous lancerions immédiatement dans une rétrospective de vos sept derniers jours et aurions une bonne idée de votre profil dans la dépense du temps.

Vous pourriez tenter l'aventure, mais il est fort probable que votre mémoire faillible ne vous permette pas de vous rappeler avec la précision requise ce que vous faisiez précisément mardi entre 14h30 et 15h00, ce que fut votre toute première action jeudi, combien de fois vous avez été interrompu par un collègue dans la semaine, ou combien de temps vous avez attendu que votre ordinateur finisse la dernière mise à jour de sécurité à la mode.

Nous allons malheureusement devoir y aller laborieusement par la puissance de la prise de note et la constitution d'un journal de bord pour obtenir un portrait précis de votre semaine.

Exercice - le journal de bord

Débutez-le dès à présent, sur papier, sur votre ordinateur ou téléphone intelligent, ce journal sera le confident où vous consignerez littéralement tout ce que vous faites au cours de votre journée de travail, sans oublier de noter les interruptions, leurs durées et natures.

Soyez le plus exhaustif possible… début et fin du parcours de vos courriels, appel de tante Suzanne, pause-café, réunion…

Vous pourrez commencer à tirer des premières conclusions de votre journal dès la fin de la première journée. Cela dit, une semaine complète saura vous donner de plus riches enseignements.

JOURNAL DE BORD				Journée : _____
Activité	Début	Fin	Durée	Notes

Toute personne tenant sérieusement un tel registre fait de savoureuses découvertes. Vous allez certainement être surpris d'avoir consacré beaucoup plus de temps qu'anticipé dans certains domaines d'activité vus comme mineurs, et d'avoir consacré, au contraire, si peu à des tâches préconçues comme de grandes consommatrices.

L'exercice ne serait que distraction et les chiffres produits que de la statistique amusante si nous ne poussions l'analyse plus loin.

Exercice - la classification des activités

Classer chaque activité en 3 catégories.

Les activités (**A**)nticipées : l'action était prévue au moins 24 heures d'avance, elle est clairement au service de vos objectifs personnels ou d'entreprise, ou découle directement de votre rôle, de vos responsabilités.

Les activités (**R**)éactives : l'action est clairement au service de vos objectifs personnels ou d'entreprise, ou découle directement de votre rôle, de vos responsabilités, mais vous n'aviez pas connaissance de cette tache la veille à la même heure.

Les activités (I)mproductives : l'action ne sert aucun de vos objectifs personnels ou d'entreprise, et ne découle ni de votre rôle ni de vos responsabilités.

Activité	Début	Fin	Durée	(A)	(R)	(I)	Notes

JOURNAL DE BORD — Journée : _____

Dans la catégorie des activités anticipées, nous trouverons la mise à jour de la comptabilité que vous faites chaque mois, la préparation de votre conseil d'administration, la réunion du lundi sur le planning d'équipe de la semaine.

Dans la catégorie des activités réactives, nous trouverons cet appel d'un client mécontent pour lequel vous avez dû trouver une solution sur le champ, cette mini-crise où vous avez été sommé de retrouver en urgence une facture réclamée par votre comptable pour qu'il puisse in extrémis soumettre une déclaration fiscale dans les délais impartis avant la pénalité de retard, cette réunion de dernière minute pour trouver une solution à de soudains problèmes d'approvisionnement...

Dans la catégorie des activités improductives, nous trouverons cette pause Facebook trois fois par jour, cette petite demi-heure coupable tous les matins à faire le tour de vos journaux favoris parce que vous n'avez pas le temps à la maison de vous tenir à jour de l'actualité, cette revue de vos courriels personnels en souffrance auxquels il était nécessaire de répondre avant de ne paraître asocial.

Il vous est maintenant possible de comptabiliser le temps consacré à chaque catégorie, et d'observer, sans jugement de valeur, le cliché instantané de vos journées, de votre semaine.

Elle pourrait ressembler à ceci :

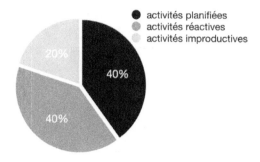

Ou à ceci :

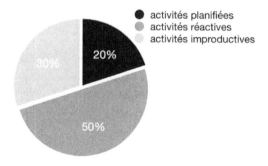

Ou bien encore à ceci :

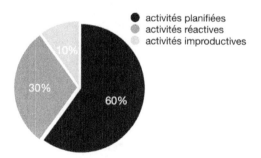

Il n'est nullement question de vous autoblâmer, mais de juger de l'écart entre votre semaine réelle et votre semaine cible telle que vous aimeriez qu'elle soit répartie.

Exercice - votre semaine idéale

Dessinez le portrait de votre semaine idéale, définissez la proportion d'activités planifiées, d'activités réactives et d'activités improductives.

Soyez lucide, réaliste et sachez amener vos objectifs progressivement. Vous n'allez ni éliminer totalement vos activités réactives, ni votre temps « improductif ».

Vous allez vouloir encadrer, gérer, limiter vos activités réactives. Mais vous vous garderez de tenter de les éliminer car vous vous transformeriez en robot psychorigide. Plus personne ne prendrait de plaisir à travailler avec vous et l'on saurait rapidement vous faire remarquer que vous faites partie des problèmes plutôt que de ceux qui travaillent à les résoudre.

Vous allez vouloir limiter et contenir vos activités « improductives » sans cependant vouloir totalement les éliminer. Certes, elles sont inutiles dans le cadre de vos missions professionnelles, mais elles sont loin de l'être pour votre équilibre personnel. Ces bouffées d'oxygène sont peut-être de celles qui vous permettent de travailler intensément, la tête sous l'eau le reste de la journée. Les éliminer pourrait s'avérer rapidement contre-productif. Il vous appartient de définir ce qui est du domaine du sain et raisonnable de ce qui relève d'une procrastination avérée.

Nous ne nous cacherons pas que tenir un journal de bord sur le long terme est relativement fastidieux.

Peut-être pourriez-vous le faire la première semaine de chaque mois et mesurer ainsi si vous vous rapprochez de votre semaine idéale ? Quel engagement prenez-vous face à vous-même ?

Nous allons maintenant aborder une série d'outils. Ils viseront le même objectif : vous faire tendre progressivement vers votre semaine idéale.

Définir vos TPI (Tâches les Plus Importantes)

Honoré de Balzac disait avec pertinence que « la puissance ne consiste pas à frapper fort ou souvent mais à frapper juste ». Identifier vos TPI du moment va vous permettre de localiser vos zones de frappe.

C'est sans doute l'action la plus bénéfique que vous pourrez faire chaque jour. Elle demandera relativement peu d'organisation, sera peu couteuse, et s'avèrera salutaire bien au-delà de vos espérances. Votre productivité réelle va augmenter et vous serez également surpris de constater rapidement un gain d'énergie et de bonheur de façon général. La promesse est généreuse mais au-delà du sentiment d'accomplissement, donner du sens à ce que l'on fait contribue à l'épanouissement personnel.

Certains trouveront la suggestion inutile, persuadés de déjà pratiquer l'exercice, mentalement si ce n'est formellement. Connaissez-vous réellement vos TPI à chaque instant ? Êtes-vous certains de vos critères pour juger de l'importance de vos tâches ? Ne vous laissez-vous jamais influencer par la notion d'urgence que l'on confond si souvent avec l'importance ?

Commencer une journée ne vient pas sans le stress de la vision mentale de tout ce que l'on « devrait » faire. Ce stress, souvent inconscient, n'est jamais bon conseiller, il fait tendre certains au découragement et à la procrastination dès les premières minutes de la journée de travail. D'autres vont se concentrer instinctivement sur les tâches les plus faciles ou rapides. D'autres finalement, peut-être plus courageux, vont opter pour les tâches les plus désagréables en début de journée afin de conserver un peu de bonheur en après-midi.

Votre budget de temps et d'énergie pour faire avancer les choses chaque jour est limité. Il est utile de vous concentrer d'abord sur les tâches qui feront la plus grande différence, avant de consacrer votre temps et votre énergie à autre chose.

Nous avons tous conscience que toutes les tâches ne sont pas égales, certaines sont plus importantes que d'autres. Naturellement, et souvent instinctivement et inconsciemment, nous les ordonnons.

Plaisir, risque, investissement, urgence, etc., et considérons alors les tâches les plus importantes comme celles se retrouvant en sommet de liste. Pour autant, vous concentrez-vous réellement sur les tâches qui créeront les résultats les plus importants que vous cherchez à atteindre ? Vos critères de choix sont-ils réellement objectifs ?

> **Exercice** — définir vos TPI
>
> Créez une liste de 2 ou 3 TPI pour votre journée de demain. Préparez-vous mentalement à vous consacrer à leur réalisation le plus tôt possible dans votre journée.
>
> Gardez cette liste séparée de votre liste de tâches à effectuer. Vous ne voulez pas les noyer dans la masse mais au contraire les faire ressortir. Une bonne technique peut-être d'en faire un post-it, votre seul post-it. Il sera collé sur le bord de votre écran, ou mieux, directement sur votre téléphone intelligent. Ainsi, étant donné tout l'amour que nous donnons à notre cellulaire, vous vous obligerez à être confronté à votre liste de TPI au moins 30 fois par jour. Peu de choses imprimeront autant votre vision, votre conscient et votre inconscient que cette liste.
>
> Apple et les autres constructeurs de téléphones intelligents ont inventé le plus sophistiqué des supports à post-it, servez-vous-en !

La définition des TPI sera un exercice quotidien, un impératif avant de débuter toute activité, avant de débuter votre journée, une routine idéale à pratiquer dans les transports pour vous rendre sur votre lieu de travail.

Par définition, tout ce qui n'est pas une TPI est moins important. On viendra sans doute vous voir avec des choses « importantes », en prenant soin d'insister sur le qualificatif. Vos TPI seront le rappel intransigeant de ce que *vous* avez décidé comme important dans votre journée. Il vous sera ainsi plus facile de repousser les interruptions non critiques.

Gardez à l'esprit que vos TPI ne sont généralement pas les leurres qui s'accumulent dans votre boîte de courriel. Il est d'ailleurs préférable de définir ses TPI comme toute première action de la journée, y compris avant d'avoir pris connaissance des courriels accumulés depuis la veille au soir, ils ne peuvent que contaminer votre vision.

Prenez garde également à ne pas dresser une liste de tâches urgentes. Les tâches urgentes nécessitent votre attention immédiate avec des conséquences claires et rapides si vous ne les désamorcez pas immédiatement. Analysez-les bien et vous vous rendrez compte qu'elles sont très souvent associées à la réalisation des objectifs de quelqu'un d'autre. Vous devrez gérer les urgences indépendamment des tâches importantes. Nous allons nous munir d'une technique pour cela. Dans l'immédiat, il est important de différencier vos tâches importantes des tâches urgentes.

Une tâche ne mérite sa place dans notre liste de TPI que si elle est liée à vos propres objectifs. Votre réflexion matinale doit vous obliger à en choisir 2 ou 3 et vous opterez pour celles qui auront le plus d'impact sur vos objectifs.

Revenons sur la technique : listes les TPI, en choisir 2 ou 3, en fonction des impacts des tâches, mesurer l'impact sur vos objectifs.

Cela semble simple, mais nous sommes allés un peu vite : il faut donc définir des objectifs, et évaluer l'impact de vos actions sur vos objectifs. C'est ce que nous allons faire à présent.

Définir des objectifs SMART

Vos objectifs constituent la direction vers laquelle vous devez vous orienter chaque jour. Ils représentent donc naturellement le critère le plus important dans la gestion quotidienne de votre temps et ne sauraient être des espoirs vagues ou généraux pour vous guider efficacement.

SMART est un acronyme souvent utilisé pour caractériser les objectifs et faire le tri entre les objectifs réfléchis et solides et les vœux pieux.

Vos objectifs doivent être SMART, c'est-à-dire : Spécifiques, Mesurables, Atteignables, Réalistes et Temporels.

Un de mes objectifs du moment, est de progresser puis terminer l'écriture de ce livre. Me voilà vous donner un bien mauvais exemple. Laissez-moi corriger… Mon objectif est de couvrir les 14 sujets que j'ai identifiés mais pas encore rédigé pour le 1er septembre, je vais donc produire (c'est-à-dire avoir terminé l'écriture et la première relecture) un sujet toutes les semaines. Cela va me prendre 3 heures par jour 6 jours par semaine avec une pause pour ce voyage au Guatemala que j'attends avec impatience, et ce qui est compatible avec mes autres engagements professionnels et personnels.

L'objectif est suffisamment important pour que j'y sois confronté chaque matin, avant de débuter ma journée. Ma première formulation vague ne m'aurait été d'aucune aide. Elle ne me force à aucune action, ne me positionne pas sur la route du succès. Ma seconde formulation SMART au contraire, me dit clairement où je dois me rendre, où je me situe sur la route du succès, et quelle structure je dois donner à ma semaine, à ma journée pour atteindre l'objectif.

Regardons plus précisément les caractéristiques d'un objectif SMART.

Spécifique : les objectifs doivent être rédigés de la manière la plus simple possible, en se concentrant sur un résultat unique particulier. Sans ce principe de base, vous pourriez avoir du mal à vous concentrer et à vous motiver. « Je veux être un meilleur élève » n'est pas suffisant, « Je veux améliorer mes notes en mathématiques » est spécifique.

Mesurable : les objectifs doivent être quantifiables et les preuves tangibles d'avancement doivent pouvoir être constatés en cours de route. Cela peut être aussi simple que de fixer une intensité. « Je vais étudier davantage pour le prochain test de mathématiques » n'est pas suffisant, « Je vais m'organiser pour étudier mon cours de mathématiques tous les soirs une heure » est mesurable.

Atteignable : les objectifs doivent être conçus comme un entraînement sportif. Ils doivent vous étirer légèrement pour que vous vous sentiez mis au défi, mais sans causer de stress, blessure ou découragement. « Je vais avoir la meilleure note de ma promotion » n'est pas raisonnablement atteignable si les mathématiques vous ont toujours mis en difficulté, « Je vais avoir une meilleure note qu'à mes trois derniers tests » est sans doute plus réaliste car à votre portée en raison des efforts consentis.

Réaliste : ce critère est souvent confondu avec le A de (**A**)tteignable, leurs significations étant relativement proche. Il s'agit ici d'évaluer la pertinence de vos objectifs. Vous avez peut-être les moyens et le temps, mais est-ce rentable ? « Étudier 4 heures tous les soirs la semaine avant un examen de mathématique » est sans doute atteignable, au prix de retrancher quelques heures de sommeil. Pour autant est-ce bien sain ? Réaliste, dans la terminologie SMART ? Vous allez assurément rentrer en conflit avec d'autres objectifs et dégrader considérablement votre niveau d'énergie. « Étudier une heure par soir deux semaines avant un examen puis huit heures durant le weekend précédent » est probablement plus réaliste.

Temporel : les objectifs doivent être liés à un calendrier et créer ainsi le sentiment de la nécessité d'avancement progressif. Cette petite tension saine qui vous propulsera vers l'avant. « Je vais consacrer 20 heures d'étude » n'est pas suffisant. « Je vais consacrer 5 heures d'étude par semaine sur les 4 prochaines semaines » est un objectif qui vous offrira beaucoup plus de contrôle.

Il devrait naturellement vous venir à l'esprit une petite liste d'objectifs. Il ne serait en effet pas raisonnable (du point de vue « réaliste ») d'en énoncer plus de 4 ou 5. Cette liste peut sans scrupule mélanger des objectifs d'entreprise et des objectifs professionnels personnels, comme obtenir une promotion à un poste convoité. De la même façon, il est parfaitement acceptable de juxtaposer des objectifs de termes différents, l'un à échéance du mois prochain, l'autre couvrant la prochaine année fiscale au complet par exemple. Cela dit, il convient d'accorder plusieurs petites sessions de réflexions sur le sujet, afin de s'assurer d'être parfaitement à l'aise avec votre liste d'objectifs. Au terme de vos réflexions, posez vos objectifs par écrit, dans un lieu sûr. Il vous appartient de les conserver pour vous ou de les dévoiler, ce qui serait une immense source de motivation pour certains, mais un blocage assuré pour d'autres.

Exercice – vos objectifs SMART

Définissez une liste d'objectifs et notez-le en des termes vagues. Si de nombreux vous viennent à l'esprit, notez-le tous et réduisez la liste à 4 ou 5.

Transformez vos objectifs en objectifs SMART.

Vous l'avez compris, il sera important chaque jour de définir deux ou trois tâches au service de vos objectifs SMART. Lesquels choisir ? Là aussi, nous pourrions y aller avec l'envie, le plaisir, donner priorité à une multitude de tâches courtes, ou bien au contraire à terminer en premier les travaux perçus comme les plus pénibles. Souvent, nous y allons à l'intuition. Elle peut être bonne conseillère lorsqu'aiguisée, bien nourrie et travaillée. Elle peut aussi être terriblement inefficace lorsque précipitée et basée sur des croyances plutôt que sur des faits. Sans vouloir bannir l'intuition mais plutôt la développer, nous allons y aller selon un concept qu'il nous faut définir : l'impact.

Définir l'impact de vos tâches sur vos objectifs

Débutons par une citation qui illustrera parfaitement ce que nous allons maintenant entreprendre. Elle provient de Peter Drucker, que certains nomment le pape, d'autres le gourou, du management : « La performance, c'est faire les choses correctement. L'efficacité, c'est faire ce qu'il faut ».

Depuis la nuit des temps, des propriétés mystiques ont été attribuées à certains nombres : la ternarité présente dans de nombreuses religions et mouvements spirituels, le chiffre pi en géométrie, le nombre d'or en architecture et en art…

Nous allons nous intéresser à une formule tout aussi mystérieuse que magique, le 80/20, également appelée principe de Pareto.

En 1906, un économiste italien, Vilfredo Pareto, a observé que 20% des Italiens possédaient 80% de la richesse de la nation. Au fil du temps, ce ratio a été appliqué dans diverses situations et est devenu une règle empirique : la valeur d'un petit nombre d'éléments dans un groupe dépasse de loin celle dérivée des autres éléments.

Dans la vie courante, cela se vérifie dans de très nombreux secteurs d'activité : 80% des ventes d'une entreprise proviennent de 20% de ses clients. 80% de votre temps au téléphone est passé avec seulement 20% des personnes que vous appelez au cours de l'année, vous passez 80% du temps sur votre téléphone intelligent à utiliser 20% des apps qui y sont installées, 20% des salariés d'une entreprise prennent 80% de ses congés maladie, 80% des vêtements que vous portez régulièrement ne représentent que 20% de ce qui est présent dans votre garde-robe…

Il en va de même pour votre activité : une fois identifiées les tâches contribuant à l'atteinte d'un objectif, si elles y participent toute individuellement, 20% d'entre elles suffiront pour vous mener à 80% de votre objectif. Fait troublant, elles ne seront pas nécessairement les plus longues à réaliser ni les plus complexes.

Nous pouvons compter sur le fait que si certains objectifs sont totalement inflexibles, d'autres gagnent en élasticité avec le temps. Il arrive ainsi qu'atteindre 80% d'un objectif tel qu'il était perçu en janvier puisse être considéré comme une atteinte à 100% en mars. Si j'économise la même somme chaque mois à compter de janvier pour m'offrir des vacances en juin, mais que le prix des billets d'avion vient à chuter, je peux remplir pleinement mon objectif alors que je n'ai pas atteint la cible exacte fixée début janvier. S'il s'agit cependant d'épargner pour se mettre en règle avec l'impôt, il est peu probable que le temps soit à mon avantage et vienne à mon secours si je venais à être en retard dans mon épargne mensuelle.

Dans mes multiples vies, il m'est arrivé d'être directeur général d'un studio de production et d'effets spéciaux de dimension honorable, présent à Montréal et à Hollywood. Son président et propriétaire avait une formation d'ingénieur en robotique. C'est ainsi qu'il avait démarré son entreprise 20 ans plus tôt en concevant des effets spéciaux basés sur ses passions combinées pour la science du mouvement et pour l'image. Je ne suis pas certain qu'il ait étudié en profondeur les théories de Vilfredo Pareto, il avait cependant un regard immensément pragmatique et lucide sur le métier d'ingénieur. Il me livra un jour sa vision dans des termes percutants dont je me souviendrais toujours : « Jérôme, tu sais ce que c'est qu'un ingénieur… C'est une personne qui est sensée savoir faire les choses, 100% des choses avec rigueur et selon les plus hauts standards de l'ingénierie. Dans la pratique, un ingénieur ne maitrise pas tout, il va mettre son meilleur effort partout. Une proportion de son travail sera parfaite, ce ratio augmentera avec le temps et l'expérience. Tu sais aussi ce que c'est qu'un *bon* ingénieur : il arrive à la perfection dans 80% de son activité. Il a quelques zones de faiblesse, dont il n'a d'ailleurs pas toujours conscience, mais 80% de son travail est parfait, le 20% restant est totalement acceptable, ce qui est souvent amplement suffisant. Sais-tu maintenant ce que c'est qu'un *excellent* ingénieur ? C'est celui qui a tellement d'expérience qu'il sait immédiatement identifier les zones qui ont besoin de sa perfection et de ses heures acharnées, mais qui sait également identifier les zones sur lesquelles il peut y aller de manière plus légère sans cependant faire preuve de laxisme. Le *parfait* ingénieur sait gérer ses priorités et son temps pour positionner dès le début son effort sur ce qui est le plus important plutôt que de suivre une recette toute faite ».

Une fois accepté que seulement 20% de votre temps de travail contribue à 80% de ce qui est nécessaire pour l'atteinte de vos objectifs, vous pouvez refléter ce merveilleux levier dans votre façon de définir vos priorités afin que l'attention se concentre sur ces sujets clés qui ont un effet majeur.

La meilleure façon de procéder consiste à mesurer deux caractéristiques pour chaque tâche. Vous aurez besoin de votre expérience et de votre instinct (alimenté de toutes les données et de l'aide extérieure disponible) pour estimer les deux éléments que sont : l'effort nécessaire pour réaliser chaque tâche et la contribution du résultat de chaque tâche à l'objectif.

Exercice - grille d'impact

L'algorithme est simple.

Pour chaque objectif, listez les tâches (colonne A).

Notez ces tâches selon l'effort requis (colonne B). Vous attribuerez une valeur de 1 à 10, en fonction du niveau d'effort anticipé, 10 étant le niveau d'effort le plus élevé.

Estimez le potentiel de contribution de chaque tâche à son objectif. Vous noterez (colonne C) de 1 à 10, 10 étant le potentiel d'impact le plus élevé.

Finalement, divisez le chiffre de la colonne C par celui de la colonne B, et vous verrez apparaitre le classement des tâches qui donnent les meilleurs résultats avec le moins d'efforts.

JOURNAL DE BORD					Journée : _____
Activité	Début	Fin	Durée	(A)	(R)	(I)	Notes

Cet exercice pourrait également mettre en évidence une série de tâches particulièrement fastidieuses, peu ou très peu contributrice que vous pourriez décider de supprimer.

Planifier à l'envers

La liste des tâches permettant d'atteindre un objectif est parfois extrêmement normée, c'est le cas pour les processus administratifs par exemple, laissant peu de place à l'improvisation.

D'autres types d'objectifs vont générer une multitude de tâches qui contribuent chacune à l'atteinte de la cible, sans critère d'ordre particulièrement préétabli. La définition des priorités selon l'impact que nous venons de voir est particulièrement pertinente dans ces cas.

Plus rarement, et fort heureusement, il arrive que chacune de vos tâches consister à lancer une ligne à l'eau pour multiplier vos chances d'atteindre la cible, sans cependant pouvoir estimer par avance qu'une tâche offre plus de potentiel de vous rapprocher de l'objectif qu'une autre.

Enfin, il peut arriver de se trouver devant une bien angoissante feuille blanche lorsque devant énumérer les tâches d'un objectif. Cela se produit généralement lorsque l'objectif est relativement ambitieux et son terme fort éloigné dans le temps. Cela peut aussi signifier que votre objectif est trop complexe, composé lui-même d'autres objectifs sous-jacents et non de simples tâches.

Lorsque nous planifions, nous commençons généralement à construire notre plan, chronologiquement du début à la fin. Les objectifs de date de fin de chaque tâche doivent aussi suivre une chronologie du présent vers le futur.

Cependant, il existe une autre méthode simple à employer lorsque la destination est claire, mais la route pour s'y rendre incertaine : la planification à rebours. Elle consiste à commencer par votre objectif ultime, votre objectif final, puis de remonter à partir de celui-ci pour développer votre plan. En commençant par la fin et en regardant en arrière, vous pouvez vous préparer mentalement au succès, définir les étapes spécifiques que vous devez atteindre et identifier les points de votre plan où vous devez être particulièrement énergique ou créatif pour obtenir les résultats souhaités.

Lorsque vous lisez un plan en arrière, il ne semble pas très différent d'un plan en avant traditionnel. Cependant, le processus de création d'un plan en arrière est très différent. Votre visualisation du parcours est très différente également et c'est ce qui vous permet d'identifier des éléments qui ne serait pas visible en utilisant un processus chronologique traditionnel et prospectif.

Exercice - rétroplanning

Puisqu'il s'agit d'être ambitieux, planifions d'aller sur Mars.

Dressez une planification par la technique du rétroplanning afin de vous familiariser avec cette méthode. Ne vous attardez pas sur les détails, nous n'irons pas réellement sur une autre planète aujourd'hui.

Premier point d'étape

Félicitations, vous avez durement travaillé et venez de terminer un magnifique livrable : vous disposez à présent d'objectifs clairs, spécifiques, mesurables, atteignables, réalistes et temporels, vous avez identifié les tâches qui sont nécessaires à la réalisation de ces objectifs et avez rationnellement défini vos 4 ou 5 Tâches les Plus Importantes.

Nous avons vu le « quoi », voyons à présent le « comment ».

En d'autres termes, maintenant que nous avons défini les objets sur lesquels doit se concentrer votre énergie, équipons-nous d'outils pour maximiser nos chances de pouvoir leur consacrer l'intensité et le volume de travail nécessaire, il sera donc question de stratégie puis d'exécution.

Le sujet qui fâche : les to-do lists

La chose vous a peut-être surpris, nous n'avons pas encore évoqué les to-do lists comme outil de gestion. Parlons donc de « l'éléphant dans la pièce » selon l'expression idiomatique américaine.

De nombreux experts en gestion de temps et de projet ne jurent que par des techniques centrées sur des to-do lists, et particulièrement sur la méthode ABC(D).

Nous prendrons le parti ici d'aller de revers par rapport à ces méthodes. D'une part car elles sont suffisamment intuitives pour que vous les ayez déjà adoptées de vous-même, d'autre part car elles nous paraissent créer au moins autant de problèmes qu'elles n'en résolvent. Elles sont inéluctablement orientées vers une micro-vision, celle des choses à faire, sans jamais permettre d'apprécier la situation depuis une plus haute altitude. Ce sont de merveilleux outils de microgestion.

Vous verrez que nous continuerons d'aller à l'encontre des to-do lists et vous convaincrons de migrer d'une gestion de to-do à une gestion de calendrier, pour finalement vous conseiller de n'avoir qu'une seule to-do list : celle des tâches que vous ne devez surtout pas faire. Nous y reviendrons.

Nous admettrons cependant qu'il est certaines configurations, comme sur des sprints d'activités de pure exécution, où la microgestion est importante et où la méthode de to-do list ABC est particulièrement efficace. Nous allons donc l'aborder en vous conseillons de ne pas en faire la règle mais l'exception.

De façon donc très synthétique, la méthode consiste à noter toutes vos tâches dans l'outil de votre choix et de leur attribuer une notation A, B ou C.

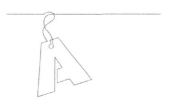

Les tâches A sont celles qui doivent être accomplies rapidement si ce n'est immédiatement. Une fois accomplies, les tâches A peuvent donner des résultats extraordinaires. Si elles ne sont pas exécutées, elles peuvent engendrer des conséquences désagréables, graves ou même désastreuses.

Les tâches B sont celles qui doivent être effectuées prochainement. Pas aussi urgentes que les tâches A, elles sont tout de même importantes. Elles peuvent être reportées, mais pas très longtemps avant que ne se présentent les conséquences fâcheuses.

Les tâches C sont celles qui peuvent être reportées sans créer de conséquences graves. Certaines peuvent demeurer dans cette catégorie presque indéfiniment. D'autres, en particulier celles liées à une date d'achèvement éloignée, finiront par atteindre les niveaux A ou B à l'approche de la date limite.

Une catégorie supplémentaire est parfois suggérée, les tâches D, celles qui ne justifient pas d'un besoin impérieux d'être effectuées dans l'immédiat ni dans le futur. Elles seraient agréables à accomplir mais, de manière réaliste, pourraient être totalement ignorées, sans effets indésirables ou graves évidents. Curieusement, lorsque vous vous en occupez (souvent lorsque vous n'avez rien de mieux à faire), elles peuvent produire des avantages surprenants. Quelques exemples : écouter un podcast qui s'avère contenir des informations précieuses, acheter une nouvelle lampe de lecture pour votre bureau qui améliore considérablement votre environnement de travail …

Comme vous le comprenez, l'approche n'est pas d'estimer comment et combien une tâche contribue à un objectif, mais de juger en fonction des choses désagréables qui pourraient se produire sur non-réalisation d'activités dans des délais.

Cette méthode offre l'avantage d'atténuer les émotions que nous éprouvons à propos de chaque tâche. Peut-être que la dernière chose que vous voulez faire est de rédiger votre note de frais, mais lui donner une priorité A et vous confronter à l'urgence pourrait être ce dont vous avez besoin pour surmonter votre aversion pour cette joyeuseté administrative.

Pour certains, même le système ABC(D) reste trop contraignant ou engendre trop de A ou de C. Dans ce cas, vous souhaiterez peut-être subdiviser encore plus : A1, A2, A3, B1, B2, B3...

Exercice - méthode ABC(D)

Reprenez l'ensemble de vos activités de la veille et classez-les avec la méthode ABC(D).

Migrer d'une gestion de to-do list à une gestion d'agenda

Jusqu'à présent, nous nous sommes projetés dans un futur à long ou moyen terme pour ce qui est des objectifs, mais à relativement court terme pour ce qui est des tâches, n'en sélectionnant qu'un nombre très limité chaque matin. Il est temps de donner un peu de relief à l'avenir, et de méditer sur une citation de Mark Twain : « Si l'avenir m'intéresse, c'est parce que je vais y passer le reste de ma vie ». Voyons donc les choses à un peu plus long terme.

Pour finir de tordre le cou aux to-do lists, pensez-vous vraiment qu'Elon Musk écrit une longue liste de choses à faire en en hiérarchisant les éléments A1, A2, B1, B2, C3, et ainsi de suite ? Pensez-vous vraiment que Steve Jobs tenait une liste de choses à faire et se contentait de se demander : « Quelle est ma prochaine action dans ma liste ? » sans avoir une vision à plus long terme ?

Définir vos TPI chaque matin demeure critique, c'est la vision à court terme dont vous ne pouvez et ne devez pas vous passer pour maintenir votre concentration sur ce qui est réellement et objectivement important à court terme.

L'atteinte d'objectifs ambitieux nécessite également une vision à moyen et à long terme, c'est ce sur quoi nous allons nous consacrer à présent. Si, sauf dans des cas exceptionnels, les to-do lists ne sont pas l'outil pour vous donner une vue holistique sur votre quotidien, elles ne le seront pas davantage pour une visibilité à plus longue échéance. Elles sont tout au plus une série de tâches que vous espérez accomplir, sans plan précis quant au moment où vous les terminerez. Combien d'éléments de votre liste de tâches actuelle sont présents depuis plusieurs jours ? Plusieurs semaines ? Plusieurs mois ?

Les dirigeants ayant des trajectoires exceptionnelles n'ont pas de listes de choses à faire, mais elles maintiennent un calendrier très bien tenu.

Étonnamment, le simple fait de programmer des tâches sur votre calendrier, au lieu de les écrire sur une liste de tâches, libérera votre esprit, réduira votre stress et augmentera vos performances cognitives. Des chercheurs de l'Université d'État de Floride ont démontré l'effet Zeigarnik : le stress conscient et inconscient causé par des listes de tâches inachevées peut être surmonté simplement en faisant un plan pour accomplir ces tâches. Vous avez bien lu, accomplir ces tâches libérera votre stress, mais le seul fait d'en planifier l'accomplissement vous soulagera tout autant.

Lorsqu'il est question d'établir un calendrier, prévoyez tout d'abord un peu de temps pour tout ce qui est important pour vous. Nous appellerons cela le « temps bloqué ».

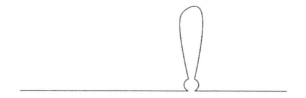

Exercice - votre temps bloqué

Programmez des espaces de temps bloqués dans votre agenda sous la forme de rendez-vous récurrents.

Si vous accordez de l'importance à la proximité avec vos clients en tant que stratégie commerciale et que vous avez pour objectif de parler à au moins un client par jour, planifiez un rendez-vous quotidien récurrent. Il peut aussi s'agir d'activités strictement personnelles qui vous offrent un équilibre et vous permettent d'être performant.

Ce peut être une merveilleuse parade à la procrastination : vous planifiez vos heures improductives, elles ont un début et une fin.

Exercice - programmez vos TPI

Programmez ensuite vos premières TPI, le plus tôt possible dans la journée. Peu importe l'intensité avec laquelle nous essayons de contrôler notre temps et nos calendriers, nous avons tous des choses qui « surgissent » et qui pourraient nécessiter notre attention, nous y reviendrons.

Naturellement, plus le temps passe chaque jour, plus il est probable que quelque chose d'inattendu se produise. Programmer vos TPI tôt, sans vous mettre totalement à l'abri, vous évitera le pic des interruptions se manifestant souvent entre 10 heures et 11 heures le matin et après 14 heures l'après-midi.

Vous comprenez que vous n'allez pas figer aujourd'hui votre calendrier pour les semaines à venir, mais bien au contraire entrer dans une négociation quotidienne avec vous-même.

Progressivement, avec la pratique quotidienne et la discipline, vous serez en mesure non seulement de définir vos TPI du jour mais également avoir une bonne idée de vos TPI du lendemain, de la semaine, et des semaines à venir.

Vous reprenez doucement le contrôle de votre gestion du temps et de vos priorités. Vous allez nécessairement vous concentrer sur le quotidien dans un premier temps, et apprendrez progressivement à prendre confiance en vous. Lorsque vous maitriserez les outils que nous venons de voir et ceux qui vont suivre ayant pour objectif de donner plus de place aux tâches planifiées qu'aux tâches réactives, vous vous sentirez bien plus en contrôle et allez pouvoir commencer à visualiser votre activité non plus comme une liste de tâches mais comme un calendrier organisé.

Il n'est pas question de repartir d'une feuille blanche chaque jour, bien au contraire. Vous allez intégrer à votre agenda de toutes nouvelles TPI, en étirer certaines que vous aviez mal estimées, reprogrammer celles que vous n'avez pu terminer... Voyez vos TPI comme des blocs malléables et votre agenda comme un espace réagençable à souhait.

Ce faisant, vous allez vous astreindre à toujours respecter vos espaces de « temps bloqué », ce temps est sacré, il est important pour vous et rien ne saurait vous le voler. Un ami, chef d'entreprise, me disait souvent : « Jérôme, le jeudi à 15 heures, j'ai badminton. Il peut se passer quoi que ce soit, le jeudi à 15 heures, j'ai badminton. L'entreprise peut prendre feu, je vais aller frapper le boitier incendie, et à 15 heures, j'ai badminton. Mon badminton, c'est ce qui fait que tous les autres jours, à toutes les autres heures du jour et de la nuit, s'il se passe quoi que ce soit, je suis en mesure d'être le pompier et d'aller éteindre les urgences ». Quel que soit votre badminton, il doit être dans votre calendrier, récurrent, absolument non négociable.

Pour ce qui est des TPI, elles peuvent s'étendre sur plusieurs jours, et il serait déraisonnable (dans le sens d'un manque de réalisme) de bloquer de la même manière tout votre temps disponible au service de l'exécution d'une TPI. Notez qu'il serait tout aussi déraisonnable d'être 100% sur des tâches réactives et de ne pas pouvoir consacrer la moindre minute à vos TPI dans la journée.

Vous vous souviendrez que plus tôt, vous avez établi un objectif de ratio entre vos activités planifiées et celles réactives. Il est l'heure de s'en servir. Vous pourrez l'utiliser pour placer le curseur adéquatement entre vos TPI et le temps consacré aux activités réactives.

Votre temps planifié peut se limiter à une ou deux heures seulement mais il est à comprendre comme un engagement minimum d'une heure ou deux. On vient demander votre aide sur une tâche réactive mais pas d'une urgence critique ? Cela devra attendre que vous ayez terminé votre quota minimum. Vous pourrez utiliser votre calendrier comme un rempart à bon nombre d'éléments imprévus.

Votre agenda devient votre meilleur allié, votre meilleur ami, votre meilleur alibi, votre meilleure explication.

Il n'empêchera personne de cogner à votre porte. Cela dit, lorsque confronté à une demande urgente qui ne l'est véritablement que pour les objectifs de votre gentil demandeur, consultez votre calendrier, expliquez que vous avez quelque chose d'important dans votre agenda, précisez que vous serez libre dans deux heures.

Exercice - balance entre temps planifié et temps réactif

Révisez l'agenda que vous venez d'établir et assurez-vous qu'il s'approche de votre cible de répartition en votre temps planifié et votre temps réactif.

Ajoutez des espaces consacrés aux activités réactives, non identifiées à des tâches par nature, et ajoutez également du temps consacré aux activités improductives.

Évidemment, il arrivera que l'imprévu ne puisse être ainsi enfermé dans la zone que vous lui aviez définie. Un client furieux a décidé de venir jouer une pièce de théâtre cornélien à la réception de votre entreprise, et vous seriez mal avisé de lui demander de remballer sa colère pour venir rejouer la scène dans deux heures, au moment où votre agenda vous dit que vous serez en mesure de gérer sa comédie dramatique... N'abandonnez pas vos TPI pour autant. Avant toute chose, reprogrammez vos TPI dans la journée, faites-les glisser au lendemain dans le pire des cas. Henry Kissinger disait avec humour : « Il ne peut pas y avoir de crise la semaine prochaine, mon agenda est déjà plein ». Pour ce qui vous concerne, laissez de la place à l'imprévu, et surtout de la souplesse pour y répondre.

Reprogrammer ne doit jamais être mal vécu. L'activité réactive n'est pas à tuer, elle est à dompter. Il convient de lui laisser la place et la priorité dans bien des cas. Un responsable des ventes ou du marketing d'une entreprise commerciale peut avoir des demandes de renseignements et des requêtes provenant de clients qui sont aussi importantes qu'urgentes et qui ne peuvent souffrir d'un traitement différé.

L'élément réactif, en raison de sa nature inopinée et répétitif, peut amener la croyance qu'il est impossible de planifier ou impossible de le faire de manière efficace. Bien au contraire, si vos journées consistent, même en partie, en ce genre d'activité aléatoire, il est encore plus important de planifier vos journées, car vous disposez mécaniquement de moins de temps disponible pour faire vos autres tâches. Elles bénéficieront ainsi davantage encore de vos efforts de planification et de votre gain d'efficacité.

Lorsque vous maitrisez la pratique des heures bloquées, des engagements minimaux sur vos TPI, de la révision quotidienne de votre agenda, et savez reprogrammer au vol vos tâches quand l'impondérable se présente, vous pouvez littéralement visualiser les priorités de votre vie professionnelle en consultant votre calendrier hebdomadaire, une vision qu'aucune to-do list ne saurait vous offrir.

Vous débuterez surement par une gestion d'agenda avec un horizon à un ou deux jours. Rapidement votre visibilité se comptera en semaines. Pour cela, la discipline de réajuster quotidiennement votre agenda sera nécessaire. En effet, en matière de planification de votre temps, rien de rigide ne saurait résister à l'épreuve du temps. Vous devrez injecter au quotidien une dose de flexibilité, c'est ce que vous ferez chaque matin, avant de débuter votre journée. N'oubliez pas d'y prendre du plaisir, et n'oubliez pas Mark Twain : si l'avenir vous intéresse c'est parce que vous allez y passer le reste de votre vie.

Connaitre son apogée

Dans une section précédente, en suggérant de positionner vos TPI au plus tôt dans votre journée, nous avons fait deux suppositions, dont une qu'il convient de considérer comme potentiellement hasardeuse.

La première, que nous allons maintenir, veut que l'avalanche des interruptions et des activités réactives ont tendance à débuter en milieu de matinée, pour se terminer en milieu d'après-midi. Vous pouvez regarder si cela se vérifie avec votre journal de bord. Toute activité débutée tôt devrait bénéficier d'une météo relativement clémente (n'oubliez pas que la météo n'a jamais été une science exacte).

La seconde supposition, que nous souhaitons porter à votre jugement, tendrait à considérer que vous bénéficiez du maximum de votre énergie en début de journée, autre raison pour y positionner vos TPI. Si c'est souvent le cas, il pourrait en être autrement avec vous.

Certains, en effet, se sentent plus énergiques et concentrés en fin d'après-midi. Dans ce cas, soyez à l'aise de redéfinir la position idéale pour vos TPI.

Il peut être aussi compréhensible de vouloir s'accorder une première demi-heure totalement réactive, consacrée à retourner vos appels en souffrance et traiter vos différents courriels non répondus, pour ensuite, se concentrer sur vos TPI.

Attention à deux aspects cependant. Veillez à toujours privilégier votre rendez-vous organisationnel avec vous-même, vos courriels pourront attendre 5 minutes. Veillez également à ne pas utiliser cette demi-heure pour picorer dans vos courriels une multitude de tâches qui vont vous éloigner de vos TPI. Un courriel qui va nécessiter une investigation ou une action, sauf si l'une ou l'autre sont très courtes, pourra être répondu par le plus poli des accusés de réception différant une véritable réponse à plus tard dans la journée. Il vous restera alors à juger de l'importance et de

l'urgence du sujet, pour le programmer dans la journée, ou potentiellement plus tard. Si vous sentez le besoin impérieux de vous justifier, vous ne mentirez pas en mentionnant que votre agenda matinal est chargé. Nombre de vos tâches réactives se transforment ainsi en tâches planifiées, vous gagnez à nouveau en contrôle.

Exercice - programmer son apogée

Interrogez-vous et définissez votre apogée personnel.

Si elle n'est pas en début de matinée, révisez votre agenda pour repositionner vos TPI au moment où vous vous sentez le plus productif.

Deuxième point d'étape

Félicitations à nouveau, vous avez durement travaillé et venez de terminer un autre magnifique livrable. Vous disposiez d'objectifs SMART qui vont guider vos décisions pour ce qui est de la gestion de votre temps, vous aviez donc répondu à la question du « quoi ». Vous venez à présent d'ajouter un plan souple, qui tient compte des aléas, une stratégie qui se reprogramme et se répare elle-même lorsque l'on n'est pas en mesure de la suivre à la lettre.

Vous savez où vous allez, vous avez un plan pour vous rendre à destination.

Ce que vous ignorez cependant, c'est l'état de la route… elle peut être peuplée de mille détours, la météo peut vous nuire, vous pourriez manquer de carburant, vous faire voler une roue… Bref, vous partez à l'aventure.

Avant un tel voyage, il serait prudent de réfléchir aux quelques désagréments potentiels qui pourraient se présenter, et remplir votre sac à dos de quelques artifices qui vous permettront, si ce n'est de les éviter, du moins d'en limiter les perturbations. C'est ce sur quoi nous allons nous attarder à présent : identifier et emprunter les raccourcis lorsqu'ils existent, éviter les détours, ou les choisir de manière avisée lorsqu'ils sont inévitables.

Réévaluer chaque tâche

En septembre 2013, les professeurs Julian Birkinshaw et Jordan Cohen ont partagé dans Harvard Business Review les résultats d'une étude sur la productivité.

Ils ont constaté que 41% du temps des travailleurs du savoir est consacré à des activités discrétionnaires qui n'étaient pas considérées comme personnellement satisfaisantes et qui pouvaient, de surcroit, être effectuées par d'autres.

Pourquoi poursuivons-nous ces activités sans rechigner, sans rébellion, sans même l'expression d'une lamentation, alors même que nous sommes si prompts à faire état de nos contrariétés dans d'autres domaines ?

Nous aborderons plus loin des concepts de neuroscience. De multiples études sur la question ont démontré que nous nous sentons bien, engagés et développons un sentiment d'importance lorsque nous sommes très occupés, et ce, indépendamment du fait que les actions menées soient parfaitement alignées avec les objectifs de l'entreprise ou non.

Nous sommes des machines à fonctionner au plaisir et à la récompense et voici que nous apprenons que tant que nous sommes occupés, nous sommes heureux… Il y a là un danger à comprendre et à combattre : nous sommes tous, naturellement, et souvent inconsciemment, attachés à certaines activités inutiles car elles nous rendent occupés sans être foncièrement déplaisantes.

Il arrive que ces activités, sous une façade bien noble, soient totalement dépourvues d'intérêts pour vos objectifs et pour ceux de l'entreprise. Il arrive également que ces tâches demeurent importantes mais n'aient strictement rien à faire dans vos mains qui devraient être occupées à des choses bien plus en lien avec votre expertise unique.

Nous allons donc revenir à votre journal de bord, ce petit missel qui liste l'ensemble de l'activité de votre semaine passée.

Exercice - questionner ses tâches

Pour chaque activité, vous devez vous poser 3 séries questions.

Série 1 : Quelle est la valeur de cette tâche pour moi ou pour l'entreprise ? Que se passerait-il si je l'abandonnais complètement ?

Série 2 : Suis-je la seule personne à pouvoir effectuer cette tâche ? Qui d'autre au sein ou en dehors de l'entreprise pourrait l'accomplir ?

Série 3 : Comment obtenir le même résultat, mais avec un processus plus rapide ? Comment cette tâche pourrait-elle être accomplie si je n'avais que la moitié du temps ?

La suite ? Elle vous appartient ! Il vous faudra probablement faire preuve de courage pour tirer certaines conclusions. Projetez-vous dans un avenir où vous avez su abandonner les tâches à très faible valeur sans aucun impact notable.

Projetez-vous dans un avenir où vous avez su déléguer certaines tâches à faible valeur pour vous pour vous consacrer à des tâches nécessitant réellement l'unicité de votre expérience et de votre savoir.

Projetez-vous dans un avenir où vous avez su identifier et réviser certaines de vos tâches qui peuvent maintenant s'effectuer en moins de temps sans cependant compromettre la qualité.

Vous pourriez être surpris de pouvoir conjuguer les trois actions sur une même tâche : abandonner / déléguer / réviser. Cette réunion tous les lundis matin de planification de la production… Oui, cette réunion qui débute toujours par l'évocation par le menu des fascinants weekends de chacun… bref, cette réunion où il « pourrait » se passer quelque chose qui nécessite votre attention… Pouvez-vous l'abandonner ? La déléguer ? La réviser ?

Vous pouvez sans doute la réviser tout en l'abandonnant et la déléguant. Votre adjoint sera maintenant votre représentant, il y véhiculera vos messages lorsque vous avez une communication pour toute l'équipe. Il vous fera un résumé de réunion en trois minutes pour vous informer des points majeurs et des décisions. Il est aussi convenu qu'il viendrait vous chercher s'il venait à y avoir une situation exceptionnelle qui justifie votre attention immédiate.

De toute façon, le lundi matin, il me semble que votre agenda est maintenant réservé pour des choses plus importantes, n'est-ce pas ?

Exercice - abandonner / déléguer / réviser

Reprenez votre liste et aux vues des réponses aux séries de questions, ayez le courage d'abandonner des tâches maintenant identifiées sans impact sur vos objectifs.

Déléguez ce qui pourrait être fait par d'autres tout en gardant une rétroaction pour ne pas perdre le lien avec le quotidien.

Révisez les tâches qui pourraient être exécutées plus rapidement sans compromettre vos objectifs.

Procédez avec prudence et n'agissez que pour les évidences dans un premier temps. Lorsque vous n'êtes pas certains, donnez-vous le temps d'y réfléchir, de lister les possibilités et de peser les avantages et inconvénients.

Créez ainsi des tâches pour vous concentrer sur ces réflexions et décisions d'abandonner / déléguer / réviser. Elles sont structurellement importantes dans l'atteinte d'un de vos objectifs majeurs du moment, mieux maitriser votre temps, et devraient naturellement rapidement être identifiées comme TPI et bénéficier à ce titre d'une place d'honneur dans votre agenda.

Soigner la réunionite

Selon Psychology Today, 70% des employés déclarent que les réunions de « mise à jour », de « statut », de « point de synchronisation » ne les aident pas dans l'accomplissement de leur travail. Plusieurs raisons à cela. La première ? La générosité !

Avez-vous remarqué cette tendance à inviter plus de monde qu'il ne faudrait en réunion ? Vous n'êtes pas totalement sûr qu'une personne soit requise ? En cas de doute, invitez-la ! Non seulement cela lui fera perdre du temps mais aussi le vôtre. Autre effet indésirable en cadeau, l'invité superflu ne se sentira probablement pas à l'aise d'être publiquement inutile et sera probablement obligé de poser des questions ou donner son avis pour ne pas briller par son silence, ce qui fera perdre du temps à tous les autres participants à la réunion.

Une manière d'injecter quelque scrupule et de combattre cet excès d'invitation, est de systématiquement additionner le salaire horaire (qu'il soit réel ou estimé) de tous les participants. Effectuez cet exercice de tête pour ne pas vous mettre dans l'embarras de notes qui traineraient... et posez-vous la question une fois l'addition terminée. Cette réunion à 12 personnes pour décider si l'on donne ou non un $800 de geste commercial à un client impacté par une panne, vaut-elle vraiment les $600 qu'elle coûte ?

> **Exercice** - le coût d'une réunion
>
> Remémorez-vous la dernière réunion ou vous vous êtes piteusement ennuyé. Rassemblez de mémoire la liste des présents et calculez votre estimation du coût pour l'entreprise pour cette rencontre.
>
> Rapprochez ce coût des résultats et de la conclusion de cette rencontre.
>
> Si le coût venait à être disproportionné par rapport aux bénéfices, peut-être voudrez-vous amener diplomatiquement votre calcul au responsable de cette réunion. Utilisez-moi ! Je serai votre prétexte. C'est un exercice, je vous le demande, allez rencontrer l'organisateur et réfléchissez à deux du moyen de rendre ces rencontres à la fois plus efficaces et moins coûteuses.

Astreignez-vous à cet exercice pour chaque réunion. Vous subirez naturellement une certaine pression. $600 par l'heure… c'est $10 la minute. Si la réunion débute 10 minutes en retard et commence réellement avec 15 minutes de choses sans aucun intérêt, faites le calcul, l'entreprise a brulé $250 pour rien. Occasionnellement, vous pourriez délicatement faire circuler le chiffre lorsque les choses déraillent.

Les réunions les plus courtes sont donc toujours les meilleures. À ce titre, deux stratégies permettent de réduire considérablement le temps de ces rencontres, tout en les rendant plus efficaces.

La première, on ne peut plus simple, consiste à se rencontrer debout dès lors que l'on s'accorde, en début d'une rencontre, que celle-ci ne devrait pas durer plus de 20 minutes. C'est un impératif des réunions de la méthode agile SCRUM qui est malheureusement rarement généralisée aux autres rencontres d'équipe.

En 1999, un département de psychologues a mené des recherches sur la différence entre les rencontres assises et celles debout dans 56 groupes différents. Les réunions assises étaient 34 % plus longues que les réunions debout. Dans une autre étude, des chercheurs de l'Université Washington à St. Louis ont déterminé que les réunions debout étaient bien meilleures que les réunions assises en termes de résultats perçus. Ils ont rapporté dans Social Psychological & Personality Science que les réunions debout ont conduit à une meilleure collaboration et à moins de possessivité des idées, à des niveaux d'engagement plus élevés et à plus de créativité en matière de résolution de problèmes. Voilà qui devrait ne plus jamais vous faire voir les chaises de la même manière.

Bien rare devraient être les réunions de plus de 20 minutes selon le fondateur de Virgin et ne nombreux hauts-dirigeants. Richard Branson parle souvent de son aversion pour les réunions. Il a construit un empire à coups de rencontres dépassant rarement 5 à 10 minutes.

Exercice - votre prochaine réunion

Visualisez la prochaine réunion que vous allez conduire.

Envisagez comment vous allez obtenir un consensus sur le fait que la rencontre doit durer 15 minutes, 30 ou 50.

Préparez les mots et arguments pour expliquer que vous allez demeurer debout pour une rencontre de moins de 20 minutes.

Imaginez les objections auxquelles vous pourriez faire face et comment vous allez y répondre.

La seconde stratégie nécessitera un budget d'une centaine de dollars mais qui s'avérera d'un retour sur investissement exceptionnel : une horloge de table digitale grand format. Ce type de modèle est généralement utilisé pour indiquer le temps restant aux participants d'un débat télévisé.

La réunion débute donc par un budget de temps négocié. Affichez donc votre détermination. L'horloge sera positionnée sur le temps imparti, en mode compte à rebours.

Pour avoir mis en place cette technique dans une multitude d'environnements différents, cette simple prise de conscience individuelle et collective du temps restant induit toujours le même effet. Ce décompte mécanique, placée stratégiquement pour que tout le monde le voie très clairement est une gigantesque machine à scrupule. Vous observerez les plus bavards s'empêcher d'amener des sujets sans intérêt et des digressions inutiles. Vous verrez les choses s'accélérer naturellement à la mi-temps et devenir plus synthétiques.

Occasionnellement, en bon conducteur de réunion, vous énumérerez en cours de rencontre la liste des sujets à l'ordre du jour demeurant à aborder ainsi que le temps restant pour ce faire.

Le temps deviendra enfin précieux, pour tous. La prise de parole deviendra plus synthétique et efficace, et vous aurez le sentiment justifié d'avoir investi le meilleur $100 de l'année.

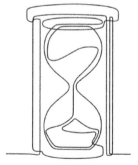

Réduire le temps de réunion

Dans les années 50, un haut-fonctionnaire britannique, Cyril Northcote Parkinson, a écrit un petit livre intitulé « Parkinson's Law : The Pursuit of Progress ». Cet ouvrage et les théories qu'il supporte exercèrent une profonde influence sur des millions de personnes au fil des décennies.

La loi de Parkinson dit que « le travail s'étend pour remplir le temps disponible pour son achèvement ». Donc, si vous avez huit heures pour terminer une liste de tâches, vous prendrez les huit heures complètes pour terminer les tâches et vous vous précipiterez systématiquement en mode sprint à la fin de la journée. Il en aurait été de même si l'on vous avait donné six heures, ou dix heures.

Les théories de Parkinson s'appuient sur la loi des gaz. Elle est aussi utilisée pour évoquer un dérivé de la loi originelle en rapport avec les ordinateurs que vous avez sans doute remarqué, que ce soit sur votre ordinateur portable, ou sur votre téléphone : « les données s'étendent jusqu'à remplir l'espace disponible pour leur stockage ». Acquérir davantage d'espace encourage l'utilisation de techniques gourmandes en stockage. Généralisée, la loi des gaz peut se traduire par : « La demande pour une ressource s'accroît toujours pour correspondre à l'approvisionnement de la ressource ».

Voilà qui est vrai pour vos réunions. Si vous allouez 60 minutes pour une rencontre, la réunion prendra 60 minutes indépendamment du fait que le problème à traiter aurait nécessité moins de temps.

Quelle justification y aurait-il par ailleurs à choisir systématiquement une durée cible de 60 minutes, chaque problème étant de nature différente ? Il faut ainsi convenir que le choix d'une heure pleine est donc totalement arbitraire. Notre instinct nous dicte cependant qu'il ne serait probablement pas raisonnable de réduire considérablement la durée des rencontres. Les réduire de moitié par exemple serait considéré comme dangereux par vos collaborateurs, à juste titre.

Si nous poursuivons avec notre instinct, il ne serait cependant pas déraisonnable de penser qu'une réunion bien conduite, où chacun est préparé, conscient et respectueux du temps des autres, peut et doit durer moins que la même réunion souffrant des problèmes habituels de retards, d'agenda peu clair et/ou non suivi, de diversions inutiles…

Il serait probablement toujours raisonnable de penser que la perte de temps occasionnée par une réunion désordonnée est de l'ordre de 20%. Conclusion, la réunion parfaite peut durer 48 minutes (80% de 60 minutes). Il ne reste plus qu'à mettre en application cette théorie imparable. Annoncez la couleur lors de votre prochaine rencontre d'équipe, l'effet est assuré : la prochaine réunion aura lieu jeudi à 10h09, elle durera 48 minutes. Empressez-vous d'envoyer une invitation électronique pour ceux qui croiraient à une blague. Si l'on vous questionne, mentionnez que vous convenez que la chose est particulière, et que vous l'expliquerez jeudi à 10h09.

Il y a fort à parier que l'on vous attendra au tournant. Jeudi à 10h09, ce sera à vous de jouer : vous avez un plan, échec et mat en trois coups.

Tout d'abord, cette stratégie vous donne une merveilleuse opportunité pour demander à votre équipe de se présenter à l'heure. Vous avez eu la délicate attention de choisir 10h09 et non 10h. Vous êtes conscient que certains auront une autre rencontre entre 9h et 10h qui pourrait déborder légèrement. Vous accordez magnanimement une petite pause santé ou nicotine à vos invités, et vous vous attendez en retour à leur ponctualité.

Ensuite, deuxième étage de la fusée, vous êtes également conscient que certains auront une rencontre débutant à 11h exacte, fixée à l'heure juste par quelqu'un de bien moins urbain que vous. Tout sera sous contrôle, votre réunion se terminera à 10h57.

Pour ce qui est de la durée de 48 minutes, vous avez compris que chacun s'attend à de l'efficacité et saurez délivrer ce message et cette attente. Vous pourriez faire état de la théorie des gaz appliqués aux réunions si vous vous en sentez le courage et des 20% de gain de temps attendu pour une réunion parfaite.

Bref, vous allez frapper les esprits. Soyez persuasifs, vous offrez de la considération pour le temps de vos invités et leur demandez la même considération en retour. Soyez bref, il vous reste 45 minutes pour le reste de l'agenda de votre réunion.

Instaurer le jour sans réunion

Les réunions sont l'endroit où vous définissez la stratégie, examinez de nouvelles idées, analysez vos besoins… et où l'on fait le point, selon l'expression consacrée. Elles sont rarement l'endroit où l'on est productif. Michel, Annie, Julie, et vous aimeriez probablement beaucoup avoir une journée sans aucune interruption, juste une journée… Cela permettrait à chacun de descendre profond dans les niveaux de concentration nécessaires à certaines tâches.

Il se trouve que Michel, Annie et Julie aimeraient tant s'entendre sur la journée de « concentration intense », qu'ils accepteraient en contrepartie d'être « dérangés » un peu plus les autres jours de la semaine. Sans aucune organisation, personne ne s'entendra sur le jour de « concentration intense », et tout le monde continuera de s'interrompre mutuellement, de créer des réunions qui arrivent au bon moment pour certains et au pire pour d'autres. Tout ceci va changer le jour où vous allez imposer le mercredi sans réunion.

C'est l'éditeur de logiciels Asana qui a mis au point cette approche intéressante. Ce qui distingue la politique d'Asana des autres, c'est qu'elle reconnaît ouvertement que les « managers » et les « créateurs » priorisent leur temps différemment. Les employés, en d'autres termes, ont besoin de temps pour créer, ce que l'équipe de direction veut reconnaitre.

Le cofondateur d'Asana, Dustin Moskovitz (@dmoskov) a publié l'explication de l'entreprise concernant l'absence de réunion le mercredi sur quora.com, un plaidoyer intéressant à consulter.

« L'essentiel est que les productifs souffrent énormément des interruptions de leur temps. Les gestionnaires sont généralement habitués à avoir une journée axée sur le calendrier, il est donc facile pour eux de perturber le calendrier de quelqu'un d'autre », indique le mémo.

Depuis, d'autres entreprises ont expérimenté le mercredi sans réunion, et ont fini par l'adopter définitivement, déclarant que le mercredi est devenu le jour favori de toute l'entreprise.

Et vous, quand commencez-vous ?

Exercice - justifier le jour sans réunion

Si vous devez convaincre votre supérieur hiérarchique de l'idée d'un jour sans réunion, préparez votre argumentaire, prévoyez les objections et les réponses que vous pourriez apporter.

N'oubliez pas que vous pourriez proposer le concept sous la forme d'un pilote de quelques semaines.

Multitasking

Le problème semble contemporain, stimulé par le monde moderne et par l'accélération galopante de l'instantanéité des choses. Pour autant, il nous vient de la nuit des temps. Publius Syrus, poète latin du premier siècle avant Jésus-Christ, disait : « Qui fait, en se hâtant, deux choses à la fois ne fait bien ni l'une ni l'autre ».

Être plus productif ne signifie pas que vous devez effectuer plusieurs tâches à la fois.

Ne vous sentez pas fautif, nous avons tous été coupables de multitasking à un moment donné. Cela est très inoffensif quand il s'agit de laver la vaisselle en écoutant un podcast. Ce peut être très préjudiciable s'il s'agit de prendre l'appel d'un client tout en en répondant par courriel à un autre client.

Nous ne pouvons lutter contre notre biologie : le cerveau humain ne peut pas faire plus d'une chose à la fois.

Lorsque vous effectuez plusieurs tâches, vous partagez votre attention entre les tâches. Vous ne disposez pas de plusieurs « attentions » que vous pouvez répartir sur plusieurs choses. Vous possédez d'une seule et unique attention, et le multitasking la divise. Au lieu d'être plus productifs, nous consommons du temps de cerveau additionnel pour passer d'une tâche à l'autre.

Une étude de Stanford University sur le sujet est édifiante. Elle s'est concentrée sur trois questions auprès de personne de déclarant « à l'aise » avec le multitasking :

- la possibilité de filtrer les informations pertinentes des informations non pertinentes

- la capacité de gérer sa mémoire de travail, donc essentiellement de classer les informations pour un souvenir immédiat

- le temps nécessaire pour passer d'une tâche à une autre

La conclusion surprenante est que les gros multitaskeurs sont davantage attirés par les informations non pertinentes que les autres, se souviennent moins rapidement des informations que les autres, et sont plus lents pour changer de tâche que les autres.

Vous pouvez poursuivre la lecture de ce livre en sirotant le cocktail de votre choix. Pour ce qui est de vos journées de travail, pas d'alcool, pas de multitasking, jamais.

Dire non aux vampires suceurs de temps

Steve Jobs disait : « Se concentrer, c'est dire non. ». Si vous désirez accroître votre concentration et votre performance, il va donc malheureusement falloir apprendre à dire non. La chose est relativement aisée pour qui a conservé son âme d'adolescent rebelle, cela peut être une épreuve douloureuse pour d'autres.

Chaque choix est un deuil. On vous sollicite pour un appel téléphonique de 20 minutes qui deviendra 40 ? Pour une réunion sans vous dire précisément en quoi votre présence est décisive ? Vous devrez faire le deuil d'autant d'autres choses qui ne seront pas faites. Il peut s'agir d'un morceau de code qui ne sera pas testé, d'un rapport qui ne sera pas corrigé, d'un client qui ne sera rappelé que le lendemain, d'une idée brillante qui ne vous viendra jamais à l'esprit. Il y a toujours un prix.

Pour autant, nous avons souvent beaucoup de scrupule à dire non. Il y a plusieurs raisons à cela. Par construction psychologique, nous craignons de blesser le demandeur. Par besoin humain, nous voulons être aimés et ne voulons pas rejeter par peur d'être rejetés nous-mêmes. Par éducation, nous ne voulons pas être impolis et les formulations de refus ne sortent pas. Par calcul parfois, nous aimons gagner de futures faveurs en retour de nos assistances.

D'un autre côté, il est devenu si facile de solliciter votre temps, un petit courriel, un texto, un message LinkedIn, et vous voilà dans l'embarras de ne savoir comment refuser ce café pour discuter de choses vaguement professionnelles, cette réunion portant sur un sujet que vous maitrisez certes mais qui n'est pas du tout dans vos objectifs, cette participation à un panel pour un sombre évènement où vous n'aurez aucun autre avantage que celui de flatter votre égo.

Dans un premier temps, sans cependant faire preuve d'une hypocrisie éhontée, vous pouvez vous demander si vous êtes effectivement la meilleure personne pour rendre le service qui vous est demandé. Si ce n'est pas le cas, n'ayez aucun scrupule à le dire. Vous pourriez suggérer un meilleur interlocuteur lorsque vous l'identifiez. Ce faisant, vous aurez peut-être le sentiment de pousser un collègue sous le bus. Tant que vous n'abusez pas de cette pratique, et que la ressource suggérée est réellement plus qualifiée, vous faites une bonne action : vous aidez efficacement le demandeur.

Posez-vous ensuite la question de la disproportion entre la facilité déconcertante à demander et la mobilisation qui est sollicitée. Cela prend 30 secondes pour vous demander 30 minutes de votre temps précieux. Il vous appartient de lever la barrière d'entrée, de rendre plus difficile le fait de vous demander votre temps, d'attendre un premier effort véritable en  provenance de votre demandeur. Vous observerez alors bon nombre de demandes intempestives disparaitre instantanément, par magie. Voici quelques trucs de magiciens.

Il y a quelques années, en activité dans une startup que j'avais créé, je décidais de frapper aux portes de compagnies aériennes pour leur proposer notre produit. J'avais identifié avec soin les interlocuteurs potentiels et je m'adressais à eux en leur demandant ce fameux café informel, ou un 30 minutes pour que je leur présente notre produit révolutionnaire et la relation gagnant-gagnant qui allait vous unir.

Devant le nombre de sollicitations du genre que devaient recevoir les vice-présidents de compagnies aériennes, je m'attendais à peiner pour obtenir une rencontre et je pris l'option d'y aller d'une manière peu subtile, forçant un peu le trait : j'avais dans les mains l'affaire du siècle qui allait révolutionner leur vie, ils devaient me rencontrer !

Quelle ne fut pas ma surprise lorsque je reçus la première réponse, provenant de la compagnie que je souhaitais rencontrer en priorité. En substance « Cher Monsieur Arnaud, merci pour votre demande, il va me faire plaisir de rassembler l'équipe concernée pour que nous puissions vous rencontrer quand vous le désirez et parler de cette opportunité magnifique… ».

C'était sans considérer la suite : « Vous comprendrez cependant que nous sommes très sollicités pour ce type de rencontre exploratoire et nous y passerions tout notre temps disponible si nous devions accepter chaque demande. Nous devons donc organiser la sélection des entreprises les plus motivées à nous rencontrer. À ce titre, vous voudrez bien nous faire parvenir un paiement d'un montant de $5000 pour un 60 minutes de rencontre avec notre équipe. Nous avons bien compris que votre produit est révolutionnaire et sommes donc persuadés que cet investissement est marginal comparé au bénéfice de notre rencontre ».

Grâce à cette méthode, cette compagnie aérienne devait probablement limiter ses rencontres à quelques nouveaux fournisseurs potentiels par mois, en sélectionnant ainsi les plus motivés. Elle exigeait un effort aux demandeurs avant de leur donner du temps.

L'histoire vous a peut-être fait sourire mais vous n'envisagez sans doute pas de demander dollars ou des bitcoins pour pouvoir vous solliciter ou vous demander de l'aide. Quel artifice utiliser ?

Cette anecdote auprès de ma compagnie aérienne est restée présente à mon esprit et a pris un angle différent le jour où je me suis retrouvé à la place de la compagnie aérienne. J'avais la charge de démarrer les activités en Amérique du Nord d'un groupe industriel français. J'étais Vice-Président Opérations, donc naturellement celui à qui l'on voulait parler pour offrir des produits et services en tous genres. Mon LinkedIn était devenu une collection de demandes de rencontres, de cafés et invitations au restaurant. Il me fallait à mon tour me rendre moins facilement accessible et exiger un effort à mes demandeurs. Comme je ne voulais pas mentir, je suis devenu brutalement honnête : « Cher demandeur, merci beaucoup de l'intérêt que vous manifestez pour rencontrer notre société qui s'implante effectivement à Montréal. Je reçois énormément de sollicitations et, comme vous l'imaginez, je ne peux donner une suite favorable à toute, le démarrage des activités occupant tout mon agenda. La seule option que je peux vous proposer serait une rencontre entre 5h30 et 6h00 avant ma journée de travail. Je comprends que c'est aussi tôt qu'inhabituel mais seriez-vous disponible ? ».

Je savais que je prenais le risque qu'un demandeur très motivé accepte, ce qui arrivait occasionnellement. À mon avantage, je me suis toujours levé tôt et j'avais réellement des journées très chargées. J'acceptais donc de bonne grâce d'avoir ces rencontres très matinales qui ne perturbaient pas mes journées folles tout en me faisant rencontrer la crème de la motivation.

Je vous invite à tenter l'expérience. Cette stratégie devrait rassurer ceux qui ont du mal à opposer un refus. Vous risquez de vous lever un peu plus tôt de temps en temps. Vous risquez surtout de désengorger massivement votre agenda. De surcroit, devant la motivation de votre interlocuteur qui accepterait une rencontre très matinale dans un premier temps, vous pourriez consentir un effort et lui trouver une heure plus raisonnable dans un second temps. Après tout, vous voulez simplement filtrer, non ?

Refuser la surcharge d'information

Nous ne vivons plus à l'ère de l'information, mais à l'ère de la surcharge d'information. Pour vous en convaincre, regardez votre boite de courriel. Uniquement des informations utiles et nécessaires ?

Pour survivre, il est important de contrôler la façon dont vous recevez et traitez les informations en vous concentrant sur ce dont vous avez besoin et en rejetant ce qui est superflu.

Exercice - analyse de vos courriels

Retournez un instant consulter votre boite de courriels.

Limitez-vous aux 20 derniers courriels reçus. Combien vous sont destinés à vous, à vous personnellement, à vous uniquement ?

Combien sont des bulletins, invitations, spams… ?

Combien vous sont acheminés parce que vous êtes en cc: par « générosité » selon l'adage « dans le doute je cc: » ?

Si quelqu'un se présente à votre porte avec un magnifique cadeau, acceptez-le. Si quelqu'un me présente avec une chose infâme dont vous ne voulez pas, déclinez. Il doit en être ainsi pour l'information. Votre boite aux lettres n'est pas un entrepôt ouvert ou chacun peut se sentir le bienvenu d'y déposer des offrandes en vous laissant le soin, l'énergie et le temps de faire le tri.

> **Exercice** - se désengorger
>
> Tout débute avec ces newsletters que vous recevez depuis des années dans jamais les lire : désinscrivez-vous ! Elles vous consomment de l'énergie au quotidien. Lorsque vous n'avez pas pris la peine de lire, ne serait-ce qu'en diagonale le contenu d'au moins un des trois derniers bulletins, la probabilité qu'il vous apporte des choses nécessaires dans l'avenir est très faible.
>
> Ces notifications sur votre cellulaire qui vous interrompent au milieu d'une plongée profonde dans votre concentration : désactiviez les ! Avez-vous vraiment besoin d'être notifié en temps réel pour être prévenu que le Saint-Père s'est cogné le genou ? Que votre tante a mis un pouce en l'air sur votre dernier commentaire sur Facebook ?
>
> Ces courriels sur lesquels vous être cc: par principe de précaution plus que par réelle nécessité, ne pouvez-vous pas faire remarquer à l'occasion aux généreux mitrailleurs du cc: que vous leur faire confiance pour suivre les dossiers et vous impliquer uniquement lorsque nécessaire ?

Prenez un temps de réflexion sur l'addition de toutes ces informations qui vous atteignent en temps réel sans véritable raison. Elles participent à noyer l'information utile, et, plus grave encore, elles participent inconsciemment à une avalanche de sollicitations de votre attention.

Depuis un an, je ne reçois plus aucun courriel automatique dans ma boite aux lettres de réception. Je me suis désinscrit de nombre d'entre elles et j'ai mis en place, au fur et à mesure, des règles qui redirigent les newsletters, alertes, et autres courriels automatisés dans un dossier particulier, que je consulte deux à trois fois par semaine.

Depuis un an, mon téléphone se configure automatiquement en « ne pas déranger » durant mes heures de travail, et je ne suis plus importuné par des bips constants quand un journaliste veut alerter le monde pour une chose finalement sans grande importance de mon point de vue. Je prends maintenant plaisir à lire le journal sur mon cellulaire chaque soir et n'ai jamais eu le sentiment de manquer quelque chose d'essentiel de n'avoir pas été tenu informé en direct des évènements.

Depuis un an, j'ai plongé dans le luxe de ne plus prendre d'appel de numéros qui ne sont pas dans mon carnet d'adresses. Ils sont automatiquement redirigés vers ma messagerie, que je consulte lorsque je prends mes pauses, après lesquelles je fais les retours d'appels nécessaires, sans que jamais personne ne s'en soit offusqué.

Depuis un an, mon téléphone a conservé sa place à la gauche de mon clavier. Il est cependant à présent l'écran tourné vers le bureau. Nous sommes toujours de fidèles compagnons mais une relation de respect à fait place à une relation de dépendance.

Depuis un an, je suis à la fois beaucoup moins interrompu dans mon quotidien et davantage attentif et mobilisé par l'information qui m'atteints car en écartant l'information que je ne souhaite pas recevoir en temps réel, je suis beaucoup plus disponible pour celle essentielle qui va faire son chemin sous mes yeux, comme je l'ai décidé et non comme je le subissais.

Le monde actuel vous invite à la surcharge d'information : vous achetez un café et l'on vous demande votre courriel pour ne pas manquer la prochaine promotion, vous installez une app de météo, et on veut absolument vous faire accepter les notifications temps réel…

Redevez adolescent, rebellez-vous, résistez !

Prendre davantage de pauses

La chose va probablement vous surprendre mais les personnes les plus productives prennent davantage de pauses que la moyenne.

Vous avez du mal à le croire ? Le groupe Draugiem a installé un logiciel permettant de suivre le temps et la productivité de tous ses employés. Ils ont découvert que les employés dans les 10% les plus productifs ne travaillaient pas plus d'heures que les autres. En fait, les plus productifs ont pris plus de pauses. En moyenne, le groupe à haute productivité a alterné des sessions de travail de 52 minutes avec des pauses de 17 minutes.

Tony Schwartz, fondateur de The Energy Project, enseigne que les êtres humains sont physiologiquement conçus pour alterner entre la dépense de l'énergie et le renouvellement d'énergie. Ses recherches montrent que les humains passent naturellement de la concentration à la fatigue physiologique toutes les 90 minutes. Notre corps nous envoie des signaux pour nous reposer et renouveler, mais nous les supplantons avec du café, des boissons énergisantes et du sucre ou simplement en puisant dans nos propres réserves jusqu'à ce qu'elles soient épuisées. Il suggère de respecter notre rythme naturel en prenant des pauses toutes les 90 minutes.

Une pause occasionnelle n'est pas en contradiction avec la productivité que vous recherchez, elle l'aide. Elle vous permet de retourner à votre bureau l'esprit plus clair, rafraîchi et revigoré. Vous pouvez reprendre la tâche à accomplir avec une ferveur renouvelée. Cela vous apparait probablement comme une évidence, pour autant, dans le feu de l'action et le stress de la performance, on oublie souvent l'aspect « productif » de s'arrêter quelques minutes et l'on lutte même lorsque l'on se rends compte que la concentration se dégrade.

Comme pour tous les aspects de la nature humaine, chaque personne est différente sur ce sujet, votre sprint optimal entre deux pauses pourrait être de 30 minutes, de 50 minutes ou de 90 minutes, le point important n'est pas la durée exacte du sprint ou de la pause mais de déterminer quel cycle « concentration / pause » vous convient le mieux. À vous d'expérimenter.

Dire non à soi-même, la « NOT TO-DO LIST »

Ce chapitre sur la gestion des tâches et du temps tire à sa fin et nous avons su résister à la tentation des to-do lists. Sans relâchement coupable, nous allons nous autoriser une exception à la règle.

> **Exercice** - s'engager à ne pas faire
>
> Si vous avez été studieux, au travers des différents exercices et stratégies présentés, vous avez identifié une série de tâches ventouses à abandonner.
>
> Elles constitueront votre NOT TO-DO LIST. Mettez-la par écrit et positionnez-la à un endroit qui vous permettra de vous confronter à elle régulièrement.
>
> L'adage a raison, le naturel a parfois tendance à revenir au galop. Votre NOT TO-DO LIST est un serment, votre engagement d'être plus productif et meilleur gestionnaire de votre temps.

Si votre ambition est d'être occupé, simplement occupé, foncez sur votre NOT TO-DO LIST, elle devrait regorger de quoi vous combler. Si votre ambition, au contraire, est d'atteindre vos objectifs, imposez-vous de respecter votre NOT TO-DO LIST, vous vous offrirez un beau cadeau.

RÉSEAUTER

« La monnaie du vrai réseautage n'est pas la cupidité, mais la générosité. »

Keith Ferrazzi

CE QUE VOUS ALLEZ APPRENDRE

- Dresser un premier bilan de votre réseau actuel
- Comprendre qui est mobilisable au sein de votre réseau
- Cartographier votre réseau
- Définir une stratégie d'extension de votre réseau
- Identifier les contacts clés
- Identifier des opportunités de réseautage
- Travailler votre charisme
- Utiliser la technique du miroir
- Utiliser la technique de la relance
- Se préparer à un évènement
- Entrer en scène
- Briser la glace
- Comprendre la dynamique des groupes
- Terminer une conversation
- Gérer l'après évènement
- Devenir un réseauteur hyperactif
- Concevoir sa marque personnelle sur LinkedIn
- Créer un profil LinkedIn totalement optimisé sur vos objectifs
- Promouvoir votre profil LinkedIn
- Interagir sur LinkedIn dans une dynamique de réseautage

LE SUJET

Réseauter, c'est en premier lieu constituer des cercles de relations personnelles et professionnelles. Nous nous concentrerons sur la dynamique des véritables interactions humaines dans un premier temps puis sur la constitution de communautés virtuelles au travers de LinkedIn.

« Constituer des cercles de relations » n'est cependant pas une définition suffisante, la partie émergée de l'iceberg ne couvrant qu'un tiers de l'activité de réseautage. Elle exclut ce qui donnera à votre réseau sa force et les bénéfices que vous pourrez en tirer.

Corrigeons ! Réseauter c'est « constituer un réseau de relations personnelles et professionnelles, le maintenir, et savoir en tirer profit dans l'accomplissement de vos objectifs ».

Il s'agit d'un processus itératif et évolutif qui s'appuie sur des compétences relationnelles et sur l'usage d'un ensemble de techniques éprouvées que nous allons parcourir en détail.

Le succès des entrepreneurs dépend évidemment des structures et des mesures d'accompagnement comme les bourses, les programmes gouvernementaux, les incubateurs. Il relève aussi de la manière dont le porteur de projet interagit avec son environnement dans le temps.

Le succès des gestionnaires dépend évidemment de la définition d'objectifs clairs et mesurables, de la maitrise d'outils de gestion, du support de sa haute direction. Il relève aussi de la manière dont le gestionnaire sait s'entourer et accompagne son savoir-faire du faire-savoir.

Pour l'entrepreneur comme pour le gestionnaire, le réseau est une personne qui participe grandement à son projet, une personne qui sait mobiliser de l'expertise, des ressources, qui sait pointer vers les solutions. Plus que jamais, le réseau est le principal soutien du développement des individus.

Pour autant, personne ne nait avec un réseau à l'image de ses objectifs et de ses ambitions. Personne ne vous en offrira un pour votre anniversaire. Personne ne vous vendra le sien. Aucun consultant ne pourra en constituer un pour vous.

Votre réseau se construit avec le temps, et sous l'impulsion de la répétition de vos initiatives. Il peut être homogène ou hétérogène, dynamique ou en sommeil, facilement ou difficilement mobilisable, pertinent ou non pertinent pour vos défis du moment.

L'action réfléchie de constituer un réseau est souvent sous-évaluée. Pour autant, nous connaissons tous autour de nous une personne hyperconnectée. Son talent ne se limite pas à sociabiliser. Elle a construit un patrimoine, elle l'a maintenu et étoffé au fil des années, elle sait le mobiliser.

Avec un peu de technique, un peu d'effort, vous allez devenir cette personne.

STRATÉGIE DE RÉSEAU

Les six degrés de séparation

Posons le vocabulaire et définissons ce que représente un degré : votre ami est à un degré de vous, l'ami de votre ami est à deux degrés, et ainsi de suite.

Dans les années 1960, Stanley Milgram, considéré comme l'un des psychologues les plus importants du XXe siècle, a conçu une expérience devenue célèbre sous le nom de « l'expérience du petit monde » montrant que tous les individus sont connectés les uns aux autres par une moyenne de six degrés de séparation.

Cette expérience consistait à remettre une lettre adressée à un agent de change de Sharon à proximité de Boston à quelques centaines de résidents la vile Omaha dans le Nebraska, distante de plus de mille kilomètres. L'adresse du destinataire était fournie, cela dit, les participants ne connaissaient aucunement l'agent de change en question et pouvaient seulement faire circuler les lettres de main à main, à des connaissances personnelles qu'ils pensaient être capables d'aider à l'atteinte du destinataire final, directement ou par rebond via une chaine de connaissances.

Surprenamment, 29% des lettres parvinrent à notre agent de change, dont certaines sous quatre jours seulement. Les plis arrivés à destination transitèrent par une moyenne de cinq à six intermédiaires.

Beaucoup ont généralisé abusivement cette conclusion, déclarant que deux individus pris au hasard sont séparés par 6 degrés, en moyenne. En d'autres termes, vous avez un ami qui a un ami qui a un ami qui a un ami qui a un ami qui connait le pape. Vous pourriez vouloir faire l'exercice de rédiger un mot à Sa Sainteté et vouloir répliquer l'expérience. Dans le monde de 1960, tout indique que vous auriez eu 29% de chances que votre note atteigne son objectif.

Cette généralisation abusive ne tient pas compte du fait que 71% des missives ne sont jamais parvenus à destination. Se sont-elles perdues ? Doit-on en conclure qu'elles ont emprunté un chemin trop long, bien au-delà des six degrés et ont donc souffert de trop d'aléas ? Ou bien, au contraire, qu'elles auraient pu se rendre à destination en six sauts ou moins, mais qu'un intermédiaire a été victime d'une petite défaillance de motivation ? Se poser la question, c'est constater qu'il est une chose de disposer d'un réseau, et qu'il est une autre chose que de disposer d'un réseau un mobilisable envers des actions qui servent vos objectifs.

L'expérience de Milgram a été reproduite en 2002, dans une version mondialisée et modernisée. Duncan Watts et ses collègues Peter Dodds et Roby Muhamad ont en effet reproduit l'observation en utilisant le courrier électronique comme mode de communication, et le monde entier comme terrain de jeu. Ils ont recruté plus de quatre-vingt-dix-huit mille sujets (principalement aux États-Unis) pour envoyer un message aux « cibles » sélectionnées dans le monde entier en transmettant l'email comme seul moyen de propagation. Chaque sujet s'est vu attribué au hasard une cible parmi une liste de dix-huit possibles dans treize pays différents.

Encore une fois, étonnamment, il a fallu environ six étapes en moyenne pour que les communications atteignent les destinataires finaux, reproduisant l'estimation originale de Milgram et confirmant qu'à l'échelle d'un pays et du monde, une personne connectée peut mobiliser son réseau et atteindre une cible totalement aléatoire avec un nombre d'intermédiaires relativement limité.

Imaginez maintenant que nous limitions le modèle, par la géographie, par la profession, par les intérêts personnels. Si deux individus aléatoirement sélectionnés dans le monde sont séparés par six degrés, le chemin entre deux dentistes d'une même ville, entre deux passionnés d'aviation d'un même pays, entre deux gestionnaires dans le domaine du divertissement est beaucoup plus court. Les cibles qui peuvent avoir une influence considérable sur l'atteinte de vos objectifs sont sans doute accessibles avec un nombre limité de rebonds.

Les expériences de Milgram et de Duncan Watts ont également montré que si certains individus sont mieux connectés que d'autres, ce qui n'est pas en soi une énorme découverte, ceux qui sont plus connectés que la moyenne, le sont avec d'autres personnes elles aussi plus connectées que la moyenne. De ce fait, quiconque débute dans la constitution d'un réseau peut souffrir d'une certaine inertie initiale. Un effet d'amplification naturelle survient ensuite naturellement.

Votre réseau n'est cependant pas à créer du néant, il est à cultiver. Faisons un état des lieux et prenons les premières actions.

Votre réseau aujourd'hui

Exercice – dessiner votre réseau

Prenez une feuille blanche et dessinez votre réseau, tel que vous le concevez, en deux ou trois minutes.

Ne vous laissez impressionner ni par l'exercice ni par l'absence d'instructions particulières, il n'y a aucune mauvaise représentation. Allez-y de façon synthétique, quelques noms clés des éléments de votre réseau les plus proches suffiront.

Sans autre indication, et en raison de la couverture de ce livre, il est probable que vous ayez commencé à dessiner votre réseau professionnel. Réseauter est un état d'esprit plus qu'une activité strictement personnelle. De la même manière, votre réseau ne se limite pas à vos cercles professionnels.

Il demeure naturel de commencer à penser à vos collègues. Ils sont proches de vous, accessibles, probablement mobilisables. Sauf si vous débutez votre carrière, vous avez probablement eu une vie professionnelle antérieure, et conséquemment d'anciens collègues. Les avez-vous inclus dans votre réseau ?

Vos partenaires d'affaires, vos fournisseurs, vos clients viennent eux aussi grossir votre réseau.

Tous ces contacts demeurent cependant dans votre sphère professionnelle, envisageons d'autres portes.

Je vais m'ouvrir à vous sur ma personnalité, sur mes habitudes et sur mes passions et vous brosser le portrait de mon propre réseau en excluant volontairement sa composante strictement professionnelle. Nous parlerons de « grappes ».

Il se trouve que j'ai toujours entretenu des activités bénévoles. Mon réseau est riche de ceux que j'ai rencontrés au sein des associations que j'ai assistées, des communautés réelles et virtuelles et des groupes professionnels que j'ai fréquentés, des étudiants à qui j'ai enseigné dans le cadre du bénévolat. Autant de personnes avec qui je partage et j'ai partagé des moments privilégiés. Elles font assurément partie de mon réseau.

Il se trouve que j'ai quelques passions dans la vie. L'aviation, très propice aux rencontres et débats engagés, la culture japonaise qui me rapproche des passionnés en la matière, le Guatemala qui fait briller des yeux lorsque j'en parle et allume chez certains le plaisir d'avoir en commun le secret d'un trésor méconnu, le jeu de GO, l'intelligence artificielle… Autant de personnes avec qui je partage et j'ai partagé des moments de vie forts. Elles font assurément partie de mon réseau.

Il se trouve que je ne pratique pas beaucoup de sport, mais tente de maintenir ma relation avec mon vélo. Autant de personnes que cela me permet de croiser et avec qui je partage et j'ai partagé des moments de souffrance. Elles font assurément partie de mon réseau.

Il se trouve que j'ai toujours aimé et aidé le milieu associatif. Au-delà du pur bénévolat déjà évoqué, j'ai participé à la création et à la gouvernance de trois associations. Autant de personnes avec qui je partage et j'ai partagé des moments d'énergie et d'enthousiasme. Elles font assurément partie de mon réseau.

Il se trouve que j'habite un quartier de Montréal qui se nomme « Le Village ». J'ai des voisins avec lesquels je tente d'entretenir des relations où il n'est pas simplement question de la météo. Tous les soirs, je rencontre beaucoup de personnes aux jardins communautaires à proximité de mon domicile. Autant de personnes avec qui je partage un milieu de vie. Elles font assurément partie de mon réseau.

Il se trouve que, comme vous, j'ai une famille. Elle a la particularité d'être sur trois continents, en France, au Québec et au Japon. Autant de personnes qui se voient obligées à supporter mon caractère. Qu'elles en soient remerciées. Elles font assurément partie de mon réseau.

Il se trouve que, probablement comme vous, j'ai vécu plusieurs vies. J'ai été étudiant, j'ai vécu dans plusieurs pays, j'ai apporté mon support à une vision politique... Autant de personnes avec qui je partage des souvenirs. Elles font assurément partie de mon réseau.

Exercice – redessiner son réseau

Prenez une nouvelle feuille blanche et redessinez votre réseau en quelques minutes.

Il ne sera plus question de lister des noms, mais d'identifier les différentes grappes qui le composent.

Mobiliser un réseau

Vous m'avez peut-être trouvé bien prétentieux de lister par le menu ceux que la vie m'avait donné la chance de croiser, pour certain de manière très superficielle, et d'en faire mon réseau, comme si j'étais un Roi dépeignant sa cour docile. Vous avez raison ! Le prochain exercice devrait m'inviter à un peu de modestie.

Un proverbe vietnamien dit « la valeur plutôt que le nombre, la qualité plutôt que la quantité », nous allons nous en inspirer.

Exercice – une sollicitation

Pour chaque grappe que vous avez identifiée au sein de notre réseau, imaginez une sollicitation hypothétique. Cela peut être un service ou une question qui demande un peu de recherche. Restez simple, vous n'avez rien à vendre, votre demande ou question est légitime. Idéalement, elle va demander une quinzaine de minutes à votre contact.

Voici en exemple quelques sollicitations pour mon réseau, en choisissant volontairement des grappes non professionnelles :

Activités bénévoles : le site web de notre association qui vient en aide aux entrepreneurs français s'installant à Montréal gagnerait à afficher quelques témoignages de ce que nous faisons concrètement, y aurait-il deux ou trois startups acceptant de m'offrir une citation bienveillante ?

Aviation : cet examen sur le vol aux instruments qui s'approche dangereusement sans que je me sente prêt, y aurait-il une autre personne qui a déjà passé le même test et pourrait me donner quelques conseils sur ce que je devrais réviser avec plus d'insistance ?

Guatemala : cette année, c'est décidé, on visite les petits villages en sac à dos, y-aurait-il un globe-trotter pour me partager ses belles découvertes, pour donner un coup de pouce à la providence ?

Voisinage : trois semaines au Guatemala, y aurait-il une âme charitable qui pourrait arroser notre jardin lorsqu'il n'a pas plu durant trois jours consécutifs ?

Cartographier

Puisque vous avez commencé à dessiner, gardez le crayon en main. Nous allons continuer à structurer les premières informations et créer une cartographie.

Exercice – des acteurs

Dans chacune de vos grappes, identifiez une personne pour laquelle vous dresserez une petite carte d'identité contenant des informations basiques suivantes :

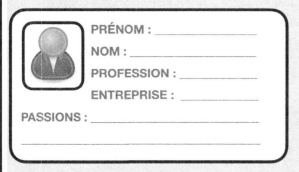

Vous prendrez soin d'alterner entre des personnes que vous connaissez particulièrement bien ou qui vous semblent les plus représentatives et des personnes que vous connaissez moins bien.

L'approche est peu subtile, j'en conviens. Vous êtes effectivement en train de débuter la constitution d'un « CRM personnel ». Le terme CRM est généralement réservé à la gestion des clients et clients potentiels. Votre « CRM personnel » est la version moderne du Rolodex ou du carnet d'adresses.

Cette première cartographie nous permet de poser une première pierre. Nous allons poursuivre la construction. Aussi, allez-y de l'outil avec lequel vous serez le plus à l'aise. Vous pouvez utiliser une feuille et un crayon, une feuille de calcul Excel ou Numbers, base de données, ou outil CRM spécialisé… Le support n'a pas une grande importance pour le moment.

> **Exercice** – solliciter des acteurs
>
> Imaginez à présent que vous avez pris votre courage à deux mains, et avez appelé la personne que vous avez préalablement identifiée dans chacune de vos grappes pour lui faire part de votre sollicitation.
>
> Comble de malchance, vous êtes tombés sur autant de répondeurs que vous avez fait d'appels et avez verbalisé votre sollicitation en laissant un message.
>
> Nous ne débattrons pas du fait que le téléphone n'est peut-être pas le bon moyen pour solliciter votre réseau. Vous allez à présent vous poser trois questions, pour chacun de vos contacts :
>
> - Auriez-vous été confortable si vous aviez réellement dû faire cet appel et formulé cette demande ?
>
> - Selon votre intuition, le contact aurait-il retourné votre appel ?
>
> - Selon votre intuition, quelle aurait été sa réponse ?
>
> - Pourquoi aurait-il répondu favorablement ? Pourquoi aurait-il répondu défavorablement ou n'aurait-il pas répondu ?

Nous allons poursuivre sur la découverte de votre réseau actuel et en comprendre la psychologie. Nous devons comprendre pourquoi certains répondraient à votre sollicitation et d'autres non.

Cela positionnera également l'objectif d'étendre votre réseau d'acteurs mobilisables. Un point de départ, un point d'arrivée, vous l'avez compris, il nous faut un plan.

Votre réseau demain

Nous avons brossé un premier portrait très succinct de votre réseau actuel. Afin de définir la stratégie visant à le faire évoluer dans la bonne direction, il vous revient de définir les objectifs que vous lui donnez.

Il pourrait s'agir d'obtenir des conseils de pairs dans leurs milieux ou environnements professionnels respectifs, de gagner du temps et bénéficier de recommandations lorsque vous recrutez ou bien êtes à la recherche d'un fournisseur de produit ou de service, à l'inverse faire connaitre votre produit ou faire savoir que vous êtes à l'affut d'une nouvelle opportunité professionnelle, d'un financement…

Exercice – vos objectifs

Définissez entre deux et cinq objectifs pour lesquels vous envisagez de solliciter votre futur réseau.

Vous utiliserez des exemples concrets avec des phrases débutants par « je veux pouvoir … ».

Voici quelques exemples :

- je veux pouvoir être informé des nouvelles tendances en matière de marketing dans le domaine des produits bancaires

- je veux pouvoir être identifié comme le spécialiste en ville du recrutement des assistants de recherche en neurologie

- je veux pouvoir mieux identifier le besoin de clients potentiels afin de préparer des approches personnalisées avant de les démarcher

Poursuivre la cartographie

La définition de vos objectifs devrait vous permettre d'identifier les informations que vous devrez nécessairement capturer lorsque vous ajouterez de nouveaux contacts à votre réseau.

À nouveau, il vous appartient de définir votre meilleur outil pour consigner l'information : un carnet, une feuille Excel ou Numbers, une base de données, un logiciel spécialisé. Prenez toutefois en considération que pouvoir effectuer des recherches sur votre téléphone intelligent n'est pas un avantage négligeable. Vous disposez ainsi rapidement d'information en toute situation.

Minimalement, voici des informations qui soulageront votre mémoire et qu'il vous sera utile de consigner dans votre outil, pour chaque contact.

```
PRÉNOM : _____          METHODE DE CONTACT PRIVILÉGIÉES :
NOM : _____           _____
PROFESSION : _____        SUGGESTIONS DONNÉES ET REÇUES :
ENTREPRISE : _____        _____
                                SUIVIS À FAIRE :
CONTACT : (tel/email) _____    _____
PREMIÈRE RENCONTE : (date, lieu, conditions...)   HISTORIQUE DES CONVERSATIONS :
_____           _____
PASSIONS : _____
DIVERS: _____
```

Exercice – capture d'information

En révisant les objectifs que vous venez d'établir, lister les informations qu'il vous semble pertinent de collecter sur chacun des membres de votre réseau, ajuster l'outil que vous avez choisi en conséquence.

Point d'étape

Vous être à présent équipé et structuré pour partir à l'aventure du réseautage.

Vous avez défini des objectifs.

Vous avez mis en place le plus précieux des outils : votre cartographie. Vous ne manquerez pas d'y ajouter tout nouveau contact ayant le potentiel de contribuer à l'un de vos objectifs.

Votre cartographie vous permettra de visualiser votre progression, mais sera bien plus qu'un outil de mesure si vous vous astreignez à l'alimenter d'informations pertinentes au fur et à mesure.

Il vous permettra d'entretenir votre réseau. Régulièrement, vous pourrez le parcourir, identifier quelques contacts dont vous n'avez pas eu de nouvelles depuis trop longtemps et trouver une excuse pour leur envoyer un petit mot ou les appeler selon votre degré de confort et maintenir le lien actif.

Tentez de résumer au sein de votre CRM personnel toutes vos interactions significatives avec les membres de votre réseau, de façon très synthétique. Il vous sera d'autant plus facile et naturel de rester connecter. « Votre » monde notera votre délicate attention pour maintenir la relation. En intégrant des éléments de discussions passées, votre approche ne sera pas générique, mais vous véhiculerez au contraire le sentiment d'un véritable intérêt.

Identifier les joueurs : l'élément clé

Prochainement, vous allez vous inscrire à un évènement de réseautage ou bien un évènement dédié à un sujet d'intérêt propice à réseauter. Avant de rentrer dans l'arène pour y approcher les futurs membres de votre réseau, nous devons nous prêter à un exercice de visualisation.

> **Exercice** – l'élément clé
>
> Pour chacun de vos objectifs, visualisez mentalement un acteur qui pourrait vous apporter une contribution majeure, dans le sens où il disposerait des compétences et capacités pour le faire, et qui serait disposé à vous aider, dans le sens d'en avoir la bienveillance et la volonté.
>
> Prolongez votre réflexion et votre casting pour visualiser cet acteur plus en détail (son milieu professionnel, sa tranche d'âge, son expertise …) et détaillez succinctement pourquoi il constituerait un

élément clé de votre réseau, ce qui le met en position de pouvoir et de vouloir contribuer à vos objectifs.

Un *élément clé* combine en effet deux composantes essentielles. Il pourrait potentiellement et il voudrait potentiellement vous rapprocher de vos objectifs. À vous de faire en sorte de retirer les conditionnels et de transformer le potentiel en réel.

Vous allez mener de multiples initiatives pour rencontrer des éléments clés, il est important de les identifier au préalable d'un évènement lorsque possible et de savoir les découvrir sur le terrain même du réseautage.

De la même façon, il est utile de rapidement identifier l'acteur qui détient le pouvoir, mais pas le mandat de vous aider vous plus qu'un autre, souvent un *élément institutionnel*.

L'*élément inutile* pourrait parfaitement vouloir réseauter avec vous, mais sans pouvoir ni sans vouloir contribuer à vos objectifs. Vous veillerez évidemment à vous rerouter diplomatiquement, mais rapidement vers d'autres cibles lorsqu'il se présente à vous.

Finalement, l'*élément parasite* « voudrait bien », mais « ne peut point » comme dit une chanson célèbre. Vous voudrez bien teinter d'un peu de tendresse cette catégorie affublée d'un adjectif aussi peu glorieux. Les « parasites » sont certes dans l'incapacité de contribuer à vos objectifs, mais peuvent être très agréable à rencontrer et contribuer à un l'un de vos objectifs à ne jamais perdre de vue : prendre du plaisir à réseauter.

Au gré de vos rencontres, vous allez développer votre capacité à identifier les contacts potentiellement clés, ceux à priori inutiles, ceux malheureusement parasites et ceux institutionnels. Vous aurez à apprendre de chacun d'eux et cette classification n'a aucunement l'objectif de vous inciter à tourner les talons dès que votre idée est faite sur un contact fraichement rencontré qui ne serait pas clé. Elle vous invite cependant à déployer un petit protocole dans les premiers échanges visant à situer votre interlocuteur.

Évidemment, attendez-vous vous aussi à passer au crible lors d'une nouvelle rencontre. Dans un évènement de réseautage, si vous et votre interlocuteur êtes mutuellement des éléments inutiles l'un pour l'autre, il est parfaitement acceptable de ne pas éterniser la rencontre et de continuer à rechercher cette autre personne avec qui vous serez mutuellement des éléments clés l'un pour l'autre. Nous reviendrons sur la technicalité de fermer une conversation.

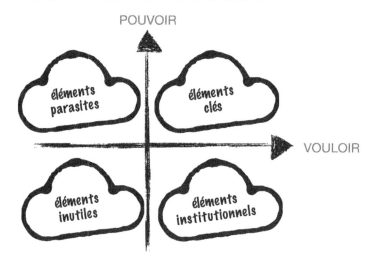

Identifier les opportunités : les évènements

Certes, vous pouvez réseauter autour de votre machine à café. Les opportunités de nouvelles rencontres vont cependant sans doute s'y avérer limitées.

Vous allez étendre votre zone de confort. Il s'agira d'une petite violence pour certains, vous allez partir en terre inconnue : les évènements. Vous y rencontrerez assurément des voyageurs intéressants, des globe-trotters aguerris tout comme des novices faisant leurs premiers pas sur les sentiers de ces rencontres de réseautage.

Dans de nombreux pays, la COVID-19 recule à tel point que les évènements reprennent progressivement. Avant son apparition, les deux plateformes d'évènement les plus utilisées, MeetUp et EventBrite, proposaient plus de 1 million d'évènements par an.

Si vous débutez dans la pratique de ce type de réseautage, vous pouvez faire vos premiers pas au sein d'évènements associés à vos passions personnelles. Vous pourrez ainsi découvrir l'objet, expérimenter en confiance, et vous diriger ensuite vers des évènements de nature professionnels et davantage alignés sur vos objectifs.

Pour vous persuader que vous que votre bonheur est à portée de clic, voyez un extrait du panel varié des différentes catégories proposées sur MeetUp et EventBrite :

- Animaux
- Art de vivre
- Artisanat
- Arts et Culture
- Autos et Motos
- Carrière et Business
- Célibataires
- Éducation et Formation
- Environnement et Vie de quartier
- Fitness
- Gastronomie et Boissons
- Internet et Technologie
- Jeux
- Langues et Identité culturelle
- LGBT
- Musique
- Nature et Aventure
- Paranormal
- Parents et Famille
- Politique et Organisations
- Religion et Croyances
- Réseautage
- Santé et Bien-être
- Science-fiction et Fantasy
- Soutien et Coaching
- Spiritualité et Ésotérisme
- Sports et Loisirs...

Beaucoup, pour ne pas dire la majorité sont gratuits et ont lieu en soirée, à des emplacements facilement accessibles pour pouvoir rejoindre le plus de monde possible. Si la COVID limite encore ces rencontres, rien ne vous empêche cependant de commencer à vous informer, d'identifier et de vous inscrire auprès de groupes qui vous paraissent d'intérêt. Vous serez alors notifié dès lors que les rencontres MeetUp ou EventBrite reprendront.

samedi 10 juillet 2021

Le grand Barbecue annuel de Bitcoin Montreal

Hosted by
Maciek C.

Bitcoin Montreal
Groupe public

samedi 10 juillet 2021
17:00 à 19:00 EDT

Jarry Park
285 Rue Gary-Carter - Montreal, QC

Comment nous trouver
Suivez le pin de la map, nous serons
proche du Gazebo.

Détails

LE BARBECUE BITCOIN EST DE RETOUR APRÈS 1 AN

On s'est énormément ennuyé de tous les bitcoiners québécois.

Pis on est tanné de juste organiser des webinaires en ligne.

Saturday, July 17, 2021

ESL Practice Speaking English

Hosted by
Diana

ESL TOEFL English in the Park
Public group

Saturday, July 17, 2021
6:15 PM to 7:15 PM EDT

Location visible to members

Details

Let's meet in front of Starbucks at the corner of St-Laurent Blvd and Prince Arthur St. There are some picnic tables where we can have an iced coffee and practice speaking English.

I will be wearing blue pants and a grey sweater.

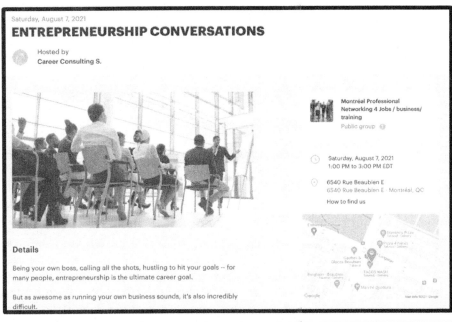

On débute par un barbecue avec des passionnés de bitcoins ? On poursuit par une rencontre décomplexée pour parfaire son anglais ? Puis une rencontre sans tabou entre entrepreneurs ? Une petite séance de yoga dans la nature en dessert ?

Exercice – votre premier évènement

Créez-vous un compte sur MeetUp et sur EventBrite si ce n'est pas déjà fait, indiquez vos intérêts à la plateforme. Ne soyez pas boulimique, vous risqueriez d'être assailli par des propositions de rencontres, ce n'est pas l'objectif immédiat. Identifiez des groupes d'intérêt et inscrivez-vous.

Si des rencontres en présentiel sont offertes dans votre géographie, prenez un premier engagement, inscrivez-vous.

N'oubliez pas de créer un dossier « EVENEMENT » dans votre boite aux lettres et configurez un filtre qui va automatiquement y rerouter tout ce qui vient de MeetUp ou d'EventBrite… L'objectif est de dérouler un plan de réseautage, pas de créer une distraction continue.

Lorsque vous êtes prêt, inscrivez-vous à un évènement. Si vous êtes de nature extravertie, vous pourriez porter votre choix à un évènement annoncé comme une activité de réseautage. Si vous êtes de nature introvertie, vous pourriez vouloir préférer un évènement dont le cœur de l'action est une table ronde, une conférence sur un sujet qui vous intéresse. La période précédant et celle suivant l'intervention seront nécessairement des moments de socialisation propice au réseautage.

VOTRE CHARISME

Qu'est-ce que le charisme

Nous démystifierons le sujet en détail ici car une série de techniques simples vous permettront d'améliorer votre charisme personnel, véritable accélérateur dans toutes vos initiatives de réseautage à venir.

Contrairement à la croyance populaire, personne ne nait charismatique, intrinsèquement magnétique. Si le charisme était un attribut inhérent, les personnes charismatiques seraient toujours captivantes, ce qui n'est pas le cas. Même pour la personne la plus engageante au monde, son charisme peut être présent à un moment, et absent le suivant. Certaines étoiles du show-business jouent par ailleurs parfaitement sur cette composante, allumant leur charisme à la seconde même où les caméras se mettent en marche, et retombent ensuite volontairement dans l'insignifiance pour pouvoir gagner un peu de quiétude.

Comme l'ont montré une multitude d'études, le charisme est le résultat de comportements non verbaux spécifiques, et non la conséquence d'une qualité personnelle inhérente ou magique.

D'innombrables personnalités charismatiques bien connues ont travaillé dur pour développer leur charisme progressivement. Parce que nous apprenons à les connaître au sommet de leur succès, il peut être difficile de croire que ces superstars n'ont pas toujours été aussi impressionnantes.

En une phrase : être charismatique n'est pas un don, mais une attitude.

Exercice – une personne charismatique

Identifiez une personnalité que vous considérez comme charismatique dans chacune des catégories suivantes : le monde des affaires, le milieu artistique, le monde politique.

Lister les traits de caractères que ces trois personnes ont en commun.

C'est dans la nature humaine, et probablement un lègue de notre héritage du règne animal, lorsque nous rencontrons une personne pour la première fois, nous évaluons instinctivement si cette personne a le potentiel et le pouvoir d'être une menace, ou au contraire un ami.

Une personne qui sait être charismatique véhicule immédiatement un sentiment de bienveillance et de force tranquille.

Pour ce qui est de la bienveillance, l'attitude ne traduit pas nécessairement la réalité, les plus grands voyous sont intensément charismatiques…

Pour ce qui est de la force, votre charisme peut déterminer si vous êtes perçu comme un suiveur ou un leader, si vos idées sont adoptées et avec quelle efficacité vos projets sont mis en œuvre.

Une autre composante est très présente. Lorsque l'on est amené à décrire l'expérience de voir le charisme en action, que l'on ait rencontré le Dalaï-Lama, Clint Eastwood ou Jean Gabin, il est souvent fait état de l'extraordinaire « présence » de l'individu, un sentiment d'engagement chaleureux, une attention complète.

Votre charisme affecte toutes vos sphères personnelles, que vous postuliez à un nouvel emploi ou que vous souhaitiez évoluer au sein de votre organisation, il vous aidera à atteindre votre objectif. De nombreuses études concordantes indiquent que les personnes charismatiques reçoivent des notes de performance plus élevées et sont considérées comme plus efficaces par leurs supérieurs et leurs subordonnés, et ce indépendamment de leurs résultats. On peut le déplorer, mais ainsi va le monde.

Si rien de ce que nous venons d'évoquer n'est totalement inné, certains bénéficieront cependant de prédispositions, d'une intelligence émotionnelle particulièrement développée… rien ne relève cependant de la magie, tout n'est que mécanique.

Si les déclencheurs du charisme vous paraissent magiques, poursuivons, étudions la mécanique et apprenons ensemble à devenir magiciens.

Apprendre la magie

Développer son charisme implique un effort, un travail parfois difficile, inconfortable et occasionnellement intimidant. Pour autant, il est à la portée de tous et ne nécessite pas de procéder à une multitude de changements radicaux sur un court laps de temps. Il est totalement possible d'adopter très progressivement de nouvelles techniques, les unes à la suite des autres. Débutons avec les éléments les plus efficaces.

Le sourire

Les personnes charismatiques sourient.

Le sourire agit comme un aimant. Lorsque vous êtes de bonne humeur, vous dégagez une attraction naturelle. Si la présence à votre proximité immédiate d'une personne morose a naturellement tendance à vous déprimer, celle d'une personne joyeuse est également contaminante. En d'autres termes, souriez et vous inciterez inconsciemment à venir à votre rencontre, à partager la bonne humeur que vous affichez. Il s'agit là d'un mécanisme psychologique de mimétisme : voir une personne souriante, vouloir d'en approcher, entrer dans une bulle positive, sourire à son tour et bénéficier ainsi de cette sensation de positivité gratuite.

Une étude britannique a révélé qu'offrir un sourire à une autre personne peut la faire se sentir aussi bien que la stimulation hormonale équivalente à 2 000 barres de chocolat. Vous avez ce pouvoir, les calories en moins.

Exercice – sourire à un inconnu

Lors de votre prochaine activité sociale ou professionnelle, testez cette théorie. Approchez-vous de quelqu'un que vous ne connaissez

> pas, faites votre plus beau sourire et présentez-vous. Observez la réaction.
>
> Si vous en avez le courage, vous pouvez vous essayer à la même présentation, au mot près, avec une approche de mine déconfite au bord de l'effondrement.

Le langage corporel est complexe, d'autres études démontrent que tous les sourires ne sont pas perçus de la même manière. La chose vous fera sans doute sourire, mais nous allons apprendre à... sourire.

Le sourire immédiat, celui qui vous fait passer du visage neutre au sourire prononcé en 0.5 seconde, est perçu comme une convention au mieux, un jeu d'acteur parfois, une flagornerie hypocrite au pire. Sauf dans certaines situations qui expliquent un éclat de bonheur soudain, il est souvent trop appuyé et rapide pour paraître être l'expression réelle de vos sentiments. Ce sourire immédiat demeure un élément de communication active visant à créer une atmosphère agréable. Il est généralement perçu comme émanant d'une noble intention, mais ne leurre pas son destinataire : c'est un sourire de convention, une technique théâtrale mise au service des rapports sociaux.

À l'opposé, le sourire lent et progressif s'étale sur plusieurs secondes. Le visage ne sursaute pas dans une transition instantanée, mais s'ouvre et s'illumine progressivement. Il correspond davantage à l'expression des véritables plaisirs intérieurs qui s'installent rarement de façon soudaine. À ce titre, ils sont perçus comme véhiculant davantage de sincérité.

> **Exercice** – sourire rapide, sourire lent
>
> Identifiez une personne particulièrement proche et de confiance, et pratiquez sur elle les extrêmes le sourire très rapide, puis le sourire particulièrement lent.
>
> Confiez-vous ensuite auprès de votre cobaye sur l'expérience que vous venez de mener et discutez de ses perceptions. Il y a fort à parier

qu'il a pu douter de vos premiers sourires rapides, au point parfois de se demander s'ils n'étaient pas ironiques. Au contraire, il a probablement ressenti de la sincérité dans vos sourires progressifs.

Le contact visuel

Les personnes charismatiques soignent leurs contacts visuels.

L'un des moyens les plus importants pour nous connecter socialement avec votre entourage est le contact visuel.

Qu'y a-t-il de plus naturel que de regarder la personne à laquelle vous vous adressez ? Pour autant, le regard est loin d'être neutre, il peut révéler différentes tonalités, se montrer accueillant ou bien être dérangeant.

Il permet à votre interlocuteur de savoir que vous l'écoutez et que vous vous intéressez à lui. Un contact visuel trop long peut sembler agressif. A l'opposé, un contact visuel avare montre du désintéressement.

Le contact visuel semble intuitif et simple. Il est enfoui dans nos automatismes et à ce titre ne sera pas particulièrement facile à modifier, à ajuster, à perfectionner.

Je ne devrais pas vous apprendre que le contact visuel est une composante majeure du doux processus de tomber amoureux, et plus généralement de la preuve d'affection. Nous n'aurons pas l'objectif de déclencher l'amour, mais d'amener vos interlocuteurs à vous apprécier, la suite vous appartient…

Nul besoin de regarder fixement les yeux de votre interlocuteur pendant de longues minutes dérangeantes, cette insistance créerait rapidement un malaise. Il est davantage question de la manière et du moment que de la durée des contacts visuels.

Demandez à vos amis, collègues et même aux membres de votre famille ce qu'ils pensent de votre contact visuel. Ils peuvent vous livrer un sentiment immédiatement, ou bien avoir besoin d'un peu de temps pour vous observer et vous débriefer, laissez-leur le choix.

Si vous avez du mal à établir un contact visuel lorsque vous rencontrez une nouvelle personne, essayez d'en faire un petit jeu. Mettez-vous au défi de faire attention à la couleur de ses yeux. En vous concentrant sur cette petite caractéristique anatomique, vous établirez automatiquement un meilleur contact visuel. Avec le temps, ce jeu deviendra une habitude et vous n'aurez plus à y penser consciemment.

Lorsque vous avez établi un contact visuel, ne détournez pas vos yeux trop rapidement. Cela peut démontrer un manque de confiance ou indiquer un désintérêt. Un contact visuel d'environ cinq secondes est indicatif de curiosité et suscite une réaction positive.

Lorsque vous maintenez un contact visuel approprié lors d'une conversation, votre 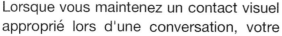 interlocuteur est plus susceptible d'entendre votre message. L'incapacité à maintenir un contact visuel est souvent vécue comme un incitatif à regarder ailleurs et à diminuer l'intensité de l'écoute.

L'écoute

Les personnes charismatiques sont expertes dans l'art difficile d'écouter, elles se concentrent pleinement sur les propos de l'interlocuteur.

Les charmeurs utilisent la conversation pour en apprendre plus sur vous.

Vous avez bien plus de chances de séduire quelqu'un si vous l'écoutez sincèrement. Le questionnement est une technique d'écoute.

Le questionnement

Les personnes charismatiques sollicitent votre opinion. Quand quelqu'un vous demande un conseil, il démontre que vos opinions lui importent, qu'il vous fait confiance et veut sincèrement obtenir votre avis.

Demander l'avis de son interlocuteur à tout-va peut cependant se montrer contre-productif. L'écoute permet d'identifier clairement et précisément le domaine d'expertise de votre interlocuteur, son expérience unique, ses talents. Ces informations acquises, vous pouvez alors demander à votre interlocuteur d'exprimer son opinion sur les sujets qu'il maitrise particulièrement. Nous aborderons prochainement une autre technique de questionnement, la relance, qui participera grandement à votre capacité charismatique d'écoute.

La présence

Les personnes charismatiques se concentrent sur vous, pas sur leur cellulaire.

Rien n'est plus déconcertant qu'une personne qui consulte un petit texto ou qui jette sans arrêt des coups d'œil vers son téléphone ou sa montre connectée pendant que vous bavardez.

Oubliez votre téléphone ou vous risquez que vos interlocuteurs remarquent un manque d'intérêt et d'engagement. Une personne charismatique vous fait vous sentir comme la personne la plus importante au monde dans le moment présent et met à profit votre conversation pour en apprendre davantage sur vous. Elle ne vous met pas en compétition avec son téléphone ou sa montre.

La proximité

Les personnes charismatiques prononcent votre nom durant la discussion. Elles prennent soin de se souvenir de votre prénom et n'hésitent pas à le prononcer en vous voyant. Cela montre que vous avez fait suffisamment bonne impression pour que l'on prenne la peine de se souvenir de vous.

Quand vous entendez votre nom ou prénom dans une conversation, que ce soit en groupe ou à deux, cela rehausse immédiatement votre attention. Le message qui va suivre prend de l'importance, votre estime est flattée, la confiance entre vous et votre interlocuteur s'établit plus rapidement et plus profondément.

Le name-dropping

Les personnes charismatiques n'ont pas besoin de l'artifice tue-l'amour du name dropping.

Elles se souviennent du nom de leurs interlocuteurs, mais n'en profitent pas pour glisser dans la conversation les grands noms qu'elles ont pu rencontrer au préalable. Elles n'ont pas besoin du promontoire des autres pour se valoriser et se sentent suffisamment bien dans leur peau et confiants pour ne pas tenter d'être important par procuration.

Elles ne veulent pas non plus vous mettre en compétition, vous comparer à une autorité d'un domaine quelconque.

La reconnaissance

Les personnes charismatiques soulignent les accomplissements des autres.

Nous aimons tous obtenir la reconnaissance pour la chose accomplie. Il est fondamental pour les humains d'être vus, entendus et valorisés. Une personne charismatique sait ne pas se placer au centre de l'échiquier et ne doit pas nécessairement être la seule à briller.

Lorsque vous faites briller votre interlocuteur en soulignant ses accomplissements, une partie de la lumière rejaillit sur vous. Assurez-vous cependant de ne pas opérer de manière qui pourrait paraître hypocrite ou superficielle ce qui détruirait instantanément la relation de confiance que vous bâtissez.

La technique du miroir

Deux techniques particulières vont nécessiter une étude plus approfondie, et un peu de pratique. Débutons par la technique du miroir.

Avez-vous déjà remarqué que les gens qui sont mariés depuis de nombreuses années finissent souvent par se ressembler dans leurs attitudes ? En effet, nous avons tendance à nous adapter au langage corporel de l'autre. Cela inclut naturellement nos expressions faciales, notre position sur une chaise, nos réactions …

Cette tendance à imiter le langage corporel des autres est appelée résonance limbique. Elle trouve ses sources directement dans la structure même de notre cerveau. La résonance limbique est rendue possible grâce à une certaine classe de neurones appelés oscillateurs, qui coordonnent physiquement les personnes en régulant comment et quand leurs corps se déplacent ensemble.

Imiter le langage corporel de quelqu'un est un moyen facile d'établir une relation de confiance. Cette technique est souvent appelée le miroir (mirroring en anglais) ou l'imitation. Elle est une application consciente d'un processus inconscient maitrisé par de nombreuses personnes charismatiques. Avec le travail, il est possible de le développer au point d'en faire un instinct.

Lorsque vous reproduisez consciemment le langage corporel de quelqu'un, vous activez de profonds instincts de confiance et de sympathie, expérimentons.

Exercice – technique du miroir

Au cours de vos prochaines conversations, essayez de refléter la posture globale de l'autre personne : la façon dont elle tient sa tête, la façon dont elle place ses pieds, les changements de position.

Essayez également d'adapter votre voix à la leur en termes de vitesse, de hauteur et d'intonation.

Soyez sélectif : ne faites que ce qui vous semble naturel.

Ne soyez pas ultra-réactif : laissez quelques secondes s'écouler, un léger temps de latence avant d'initier une imitation de votre interlocuteur.

La technique du miroir peut se pratiquer en toute situation : avec vos collègues, avec vos enfants, avec vos amis.

Elle est enseignée et pratiquée dans de nombreuses professions. Les journalistes y voient une manière plus rapide d'instaurer la confiance et de solliciter la confidence. Le FBI sait en tirer parti pour les mêmes raisons lors des interrogatoires. C'est également une technique de vente, le miroir participe à un rapport d'égalité et à établir un lien avant de placer un produit.

Pour l'avoir souvent enseigné, j'ai toujours remarqué une timidité initiale à l'usage de cette technique, le débutant étant persuadé que son interlocuteur va immédiatement identifier un comportement mécanique anormal. Allez-y progressivement, et vous serez surpris de constater qu'il suffit d'un léger temps de latence pour ne pas être démasqué, même lorsque vous imitez votre interlocuteur de manière prononcée.

La technique de la relance

Nous l'avons vu, l'écoute est une stratégie remarquable pour gagner du capital charismatique. La technique de la relance va vous permettre d'aller plus loin, plus vite, plus haut. Elle est simple, extrêmement mécanique.

Répétez, lentement, les derniers mots de votre interlocuteur sous une forme dubitative, qui montre que vous tentez de comprendre le sens de ses mots, même s'ils sont très clairs. Votre ton se situera entre la simple répétition d'une voix neutre et la répétition sous la forme d'une question.

C'est aussi simple que cela. Cette technique s'applique partout, vous pouvez en user et en abuser.

Elle va immédiatement créer un sentiment d'intérêt auprès de votre interlocuteur : vous êtes attentif et curieux. Celui-ci, ou bien le sujet qu'il amène, est au cœur de la discussion et vous lui signalez qu'il va le rester.

De surcroit, vous placez votre interlocuteur en position de maitrise, l'invitez à développer et ainsi à se positionner dans un rôle professoral généralement ressenti de façon plutôt agréable. Vous faites mine de n'être pas certain d'avoir tout compris et manifestez le désir d'en savoir davantage.

Finalement, vous amenez votre interlocuteur à parler. Ce faisant, vous capturez une multitude d'informations, un de vos objectifs premiers avec un inconnu.

Quelques exemples…

Dans un évènement

Elle : depuis l'an dernier, j'ai en charge la direction de l'équipe de marketing opérationnel.

Vous : …marketing opérationnel (?) …

Votre interlocutrice sera honorée de poursuivre en détaillant son expertise unique.

Au bureau

Lui : bon, je terminerai ça demain, je rentre, je suis épuisé.

Vous : …tu es épuisé (?)…

Lui : oui, ça fait trois soirs cette semaine que je travaille de la maison sur l'audit annuel qui a été devancé et je n'en vois pas la fin, je vais probablement devoir annuler mon weekend à la campagne.

Continuez et votre collègue sera nécessairement poussé à la confidence et à livrer quelques aspects de sa dure semaine ou de ses conséquences. Vous êtes attentifs, questionnant, votre écoute est active, vous lui donnez du temps et de l'importance, vous l'invitez à la confidence… rien ne saurait vous rendre plus charismatique.

Ici aussi, vous n'avez rien appris de réellement nouveau. Nous pratiquons tous inconsciemment la relance. Ce qui importe, c'est d'en comprendre le mécanisme, les avantages et de travailler à transformer cette pratique inconsciente en un outil conscient.

Pratiquez-vous sur vos collègues, au sein de votre famille, vous serez d'autant plus à l'aise par la suite pour utiliser cette technique sur des inconnus.

De la même façon que pour la pratique du miroir, le débutant peut être hésitant à enchaîner la technique plusieurs fois de suite lorsqu'il commence à pratiquer consciemment la relance, persuadé que son interlocuteur va immédiatement déceler la mécanique. Tout comme le mirroring, allez-y progressivement et avec des personnes de confiance pour débuter. Vous serez surpris de constater qu'il faut opérer véritablement de manière extrêmement prononcée pour déclencher la suspicion.

AVANT UN ÉVÈNEMENT

Se préparer

Félicitations, vous avez sélectionné le premier évènement au cours duquel vous porterez une attention particulière au réseautage et aux techniques que nous venons d'aborder.

La date approche et le moment est venu de se préparer. L'investissement que vous consentez à faire va participer à votre sentiment de contrôle le moment venu, et vous aidera dans l'atteinte de vos objectifs.

Lorsque cela est permis, et c'est souvent le cas au travers des plateformes MeetUp et EventBrite, consultez la liste des participants. Ce n'est pas toujours possible pour les évènements professionnels, mais il n'est pas interdit de demander aux organisateurs, la plus grande des politesses étant parfois très efficace. Ne vous y prenez pas trop tôt d'avance, vous risqueriez de ne pas voir listés les nombreux inscrits de la dernière semaine. Autre phénomène très humain, une quantité non négligeable d'inscrits ne se présentera pas et vous pourriez être déçus si vous ne vous préparez que dans l'unique objectif de rencontrer une ou deux cibles.

Pour des raisons relativement évidentes, le taux de présence est bien plus important lorsqu'il s'agit d'évènements payants. Pour ce qui est des évènements tout public gratuits, un taux de présence autour de 70% des inscrits est considéré comme relativement honorable.

La liste des inscrits en main, vous pouvez vous lancer dans une première enquête, et répondre à une première question : avez-vous fait un choix judicieux en sélectionnant cet évènement ? Vous aurez tout loisir de vous désinscrire si vous vous apercevez que l'assistance n'est finalement pas celle que vous anticipiez.

La poursuite de votre enquête va vous permettre d'identifier quelques personnes susceptibles d'influence dans vos objectifs de réseautage, ceux-là mêmes que vous avez rédigés plus tôt.

N'ayez aucun scrupule, poursuivez encore votre investigation. Quelques recherches sur les réseaux sociaux devraient vous donner les informations pertinentes pour préparer un axe d'approche à l'endroit de vos cibles. Il n'est nullement question d'écrire les cinq actes d'une pièce de théâtre, ni de millimétrer votre intervention, vous manqueriez cruellement de spontanéité. Alimentez-vous de quelques idées d'approche, de sujets potentiels pour débuter une conversation, autant d'éléments qui nourriront votre intuition et vous rendront plus à l'aise une fois sur place.

Tiens, Facebook vous dit que votre cible revient d'un voyage au Guatemala… vous pourriez lui demander naïvement où elle a été chercher son teint hâlé et débuter une conversation sur ce beau pays.

Tiens, LinkedIn vous dit que vous avez fait la même école de commerce que votre cible… vous saurez exploiter ces quelques moments passés sur les mêmes bancs. Si l'année est proche, vous avez surement rencontré ou croisé les mêmes enseignants, beau sujet pour débuter une conversation.

Tiens, vous voyez que votre cible est inscrite à une autre rencontre… vous connaissez maintenant un autre de ses sujets d'intérêt personnel ou professionnel.

Pour terminer votre travail de Colombo, intéressez-vous à la tenue vestimentaire idéale pour cette rencontre. Il n'y a rien de plus désagréable que de ne pas être dans la tonalité générale et de briller dans l'assemblée par un style décalé, manifestement trop décontracté ou au contraire trop formel. Que ce soit pour des évènements professionnels ou des rencontres MeetUp et EventBrite, les photos des évènements précédents sont souvent à quelques clics de souris, et vous pourriez alors vérifier vos intuitions. Dans le doute, n'hésitez pas à demander à l'organisateur.

Ayez également bien en tête l'heure de début de l'évènement et assurez-vous d'arriver au moment opportun. Vous arrivez trop tôt ? Cela ne va pas vous aider, vous risqueriez d'être mal à l'aise d'entrer dans une salle quasi vide avec peu de matière pour pratiquer. Vous arrivez trop tard ? Cela ne va pas vous aider non plus, les groupes seront déjà formés et il sera plus difficile de vous insérer. Il n'y a pas particulièrement de règle universelle en la matière, chaque rencontre ayant ses propres habitudes instaurées avec le temps. Une composante géoculturelle est aussi très présente dans la rigueur du respect des heures de début d'évènement.

Dernier conseil préparatoire, achetez-vous une bouée de sauvetage, vous pourrez vous raccrocher à elle si vous perdez pied : tenez-vous informé de l'actualité le jour ou la veille de l'évènement ! Sans aller dans le détail de chaque histoire, sans éplucher méthodiquement les journaux, soyez au courant de ce qui se passe autour de vous et dans le monde. Si l'actualité est une approche que vous pourriez choisir d'utiliser pour briser la glace, c'est également celle de bien d'autres. Vous ne voulez pas que l'on pense que vous avez vécu dans une caverne isolée du reste du monde ces dernières 72 heures.

La première apparence

Vous l'entendez tout le temps : les premières impressions, qu'elles soient justes ou non, sont basées sur les 30 premières secondes d'une rencontre. Un échantillon si court de votre personnalité, et qui peut vous poursuivre si longtemps...

Une impression de vous, basée uniquement sur l'observation rapide de vos manières, de votre langage corporel, de votre apparence et de votre ton de parole, influence grandement la relation présente et future que vous allez maintenir avec un inconnu. Dans bien des cas, inconsciemment, votre interlocuteur ne prêtera attention qu'aux indices et aux signes qui confirment cette première impression et ignorera le reste. Dans la troisième partie de ce livre consacrée à la conviction, nous reviendrons sur le fonctionnement de notre cerveau et verrons pourquoi nous avons le réflexe de poser un premier jugement rapide sur toute chose, sur toute personne, globalement sur toute information.

Comment optimiser votre première impression ? Il convient de distinguer deux composantes distinctes, aussi importantes l'une que l'autre.

La première est verbale, guidée par les tout premiers mots que vous allez articuler.

La seconde est non verbale. Votre première impression dépend effet de votre langage corporel et de votre apparence en général. Nous ne prodiguerons pas de conseil de style, ce serait un sujet pour un autre livre. Cela dit, le simple fait d'être conscient que des jugements instantanés seront nécessairement faits sur votre tenue vestimentaire doit vous faire donner le meilleur de vous-même. Même si notre monde vous parait immensément superficiel, concédez qu'il vaut mieux les règles du jeu plutôt que les combattre.

Nous approchons de votre premier évènement, visualisons-le, et poursuivons la préparation avec ce qui saura indéniablement vous assurer une première impression positive.

À UN ÉVÈNEMENT

Votre entrée sur scène

Entrer dans une pièce pleine d'inconnus, c'est comme sauter dans une piscine dont vous ignorez la température de l'eau. La pire torture consiste à se tenir sur le bord, craignant la brutalité de l'eau glacée. Tout comme à la piscine, après avoir plongé, la température ne sera qu'un challenge de trois minutes, tout au plus.

Revenons à notre évènement, vous y êtes, à la porte. Tout le monde rit, papote, boit, grignote et semble engagé dans un bon moment. Étrangement, ils semblent tous se connaître. Vous le savez, ce n'est pas rationnel, mais vous craignez que votre arrivée brise instantanément la magie, que les regards se tournent tous sur vous et que l'inquisition commence.

C'est le bon moment pour prendre une seconde, une seconde seulement. Mentalement, frappez les trois coups que l'on frappe au théâtre avant chaque pièce. C'est fait, vous n'êtes plus vraiment vous-même, mais un acteur et vous sentez comme tel, le rideau s'ouvre, vous entrez.

Deux choses vous seront d'un grand secours.

La première, la création d'un personnage et la dissociation que cela implique. Tout ceci n'est finalement qu'un jeu. Au cours des dernières années où j'ai enseigné cette technique, j'ai été témoin de renversements de situation impressionnants, des profils les plus introvertis entrant dans la peau d'un personnage et excellant dans ce jeu de rôle grandeur nature.

La seconde, vous avez en tête le scénario, tout du moins le début, il est immuable. Votre personnage entre en scène. Il se débarrasse au vestiaire d'un maximum de choses. Iriez-vous jouer une pièce de théâtre avec votre parka et votre sac à dos ? Votre personnage va se montrer le plus à l'aise et le plus accessible possible, y compris physiquement. Dans la mesure du possible, il conservera les mains vides, faisant la démonstration de sa disponibilité, le verre de jus d'orange pourra attendre.

Une fois libéré, votre personnage sourit légèrement, son visage est accueillant, mais son regard est fureteur. Il ne traduit pas la crainte, il ne cherche pas à se cacher, votre personnage cherche quelqu'un et commence à parcourir l'espace à sa rencontre.

Subterfuge ? Non ! le scénario va commencer à rejoindre la réalité et votre personnage va réellement chercher quelqu'un, voyons qui.

Si vous ne connaissez personne

Vous ne connaissez personne ? Dites-vous simplement que vous n'êtes pas le seul. Vous savez maintenant qui rechercher : votre alter ego, cette autre personne seule qui ne connait personne !

Votre toute première cible sera probablement en observation, légèrement en retrait. Elle n'est probablement pas dans la liste des éléments clés que vous aviez identifiés et cela n'a aucune importance, vous démarrez le moteur et faites chauffer la machine.

Vous partagez déjà plusieurs choses en commun avec votre premier contact : il semble ne connaitre personne, il est disponible. En fait, il vous attendait et vous offre de quoi initier la discussion : se présenter et lui demander si c'est la première fois qu'il vient à cet évènement. Naturellement, les choses vont s'orienter sur les raisons de sa présence, sur les vôtres, sur vos activités professionnelles, etc. Bravo, vous êtes dans l'eau, la température devient de plus en plus agréable, elle n'était pas aussi froide qu'anticipé finalement.

Ce premier contact vous permettra d'observer et de stratégiser la suite de votre progression en terrain inconnu et passer du petit bain au grand. Nous reparlerons plus tard des ruptures et des transitions pour quitter un interlocuteur à la recherche d'un autre.

Vous savez maintenant nager. Si vous en doutez, replongez-vous dans votre personnage, il sait nager, c'est écrit. Ce premier contact doit vous conduire à un suivant, potentiellement à s'insérer dans un groupe comme nous le verrons plus loin. En aucun cas, il ne doit être une bouée à laquelle s'accrocher et flotter durant tout l'évènement. Cela peut-être tentant psychologiquement, vous angoissiez à ne connaitre personne et à présent vous connaissez une personne. Replongez, jamais personne n'a appris la brasse accroché à une bouée.

S'il vous arrivait de perdre pied, de ne connaitre personne et de ne pouvoir identifier aucune cible visiblement dans votre situation, le scénario indique que votre personnage doit se diriger vers le buffet, la table à viennoiserie, la station à café, les carafes de jus d'orange… peu importe. Ils ont un effet magnétique. Une petite réplique « moi c'est mon troisième café, il faudrait que je freine, et vous ? », votre cible vous répond courtoisement, votre personnage n'oublie pas son jeu de regard, son sourire et l'attitude ouverte de son langage corporel, il tend la main, se présente, et vous êtes à nouveau en action.

Comme vous le voyez, votre personnage n'entre jamais sur scène en improvisant, les grandes lignes sont écrites.

Au-delà des introductions et entrées en matière, une autre scène nécessite d'être visualisée, préparée, répétée. Il s'agit d'une scène que vous allez devoir jouer fréquemment, d'une scène technique, d'une scène sur laquelle on juge le jeu d'un acteur : la poignée de main.

La poignée de main

La poignée de main participe grandement aux premières impressions dont il n'est plus utile de vous rappeler l'importance.

Il s'agit d'un protocole humain hautement chorégraphié,

Une poignée de main molle annonce à votre interlocuteur : « Je suis un perdant passif sans aucune compétence en relations humaines, et de plus, je ne suis pas du tout intéressé à vous rencontrer. »

L'inverse n'est guère mieux. Une poignée de main trop virile annonce : « Je suis si faible que je dois essayer de prouver le contraire en vous arrachant la main. »

Voici quelques conseils pour parfaitement doser les différents éléments constitutifs de la parfaite poignée de main.

Le tout premier, sans doute le plus important, n'a rien à voir avec les mains, mais avec votre regard. Par timidité ou par désintérêt, de nombreuses personnes détournent le regard au moment critique. Comme déjà conseillé, prenez pour habitude de noter la couleur des yeux de votre interlocuteur à ce moment précis, et plus jamais votre regard ne fuira.

Pour ce qui est du positionnement des mains de la pression exercée, allez-y franchement pour le geste, et exercez une légère pression dans l'empoignade. Elle indiquera vos absences de crainte, et votre approche franche.

La plupart des gens préfèrent des poignées de main relativement courtes. De multiples études ont montré que les premières perceptions d'absence de normalité se manifestent à compter de trois secondes et demie. D'autre part, les poignées de main de moins de deux secondes recueillent généralement de moins bonnes perceptions positives que celles de plus de deux

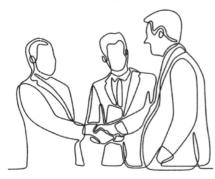

secondes. Le protocole pour une poignée de main semble ainsi se situer entre deux et trois secondes.

Si l'autre personne venait à vous tenir la main plus de quatre secondes, soyez à l'aise de la retirer poliment. Maintenez cependant un contact visuel et une expression agréable pour maintenir une interaction positive.

N'utilisez jamais vos deux mains. Certes, vous avez vu des politiques de hauts rangs pratiquer de telles poignées de main appuyées. C'est en soi une bonne raison pour ne pas la pratiquer, pensez au peu de respect communément attribué à l'homo-politicus moyen. D'autre part, entre inconnus, ce langage corporel est généralement réservé à l'expression de condoléances.

Se présenter comme un produit

Pitcher, que ce soit son entreprise, son produit ou soi-même, nécessite un talent particulier sur lequel nous reviendrons en détail : le pouvoir de conviction. Nous aborderons ici de premiers éléments de présentation personnelle.

Oubliez les longs discours, la concision est de bon ton : présentez-vous auprès d'inconnus sous la forme d'une publicité de 30 secondes. Aucun développement, simplement une bande annonce.

L'analogie le cinéma n'est pas fortuite. S'il y a un secteur qui excelle dans les présentations succinctes, c'est bien Hollywood. Prenez le temps de regarder quelques bandes-annonces, et laissez-vous emporter : tout y est. Le produit a coûté 30 millions, on vous demande $10 pour y accéder en salle ou dans le confort de votre foyer en vidéo à la demande, le diffuseur dispose de 30 secondes pour vous convaincre. La production va sortir l'artillerie lourde : un feu d'artifice, les meilleures scènes, de l'émotion, une fin qui donne envie d'en voir davantage. C'est ainsi que vous devez concevoir votre présentation personnelle.

Exercice – votre pitch personnel

Préparez, testez-le !

N'oubliez pas de le centrer sur ce qui vous rend unique, de souligner qui vous êtes et comment vous pouvez ajouter de la valeur à la personne avec qui vous parlez.

Regardez bien votre écran d'ordinateur… ce petit point en haut, c'est une webcam, l'outil dont vous avez besoin. Enregistrez-vous, visionnez-vous, notez ce que vous avez adoré et assurez-vous de le reproduire systématiquement, soyez indulgent, mais notez également les choses à éviter dans vos prochaines interventions.

Briser la glace

Dans la vie courante, la météo est le sujet de prédilection pour initier un contact social avec un inconnu. Il s'agit d'un sujet qui nous concerne tous, non polémique, et sur lequel nous sommes finalement tous compétents.

Dans le cadre d'un évènement, vous démarreriez bien mal avec ce sujet qui participerait négativement à vos premières impressions. Vous ne voulez pas être associé, résumé, assimilé, à une personne d'une tristesse d'imagination telle qu'elle n'a rien d'autre à offrir comme sujet d'amorce que la météo ?

L'antidote est simple : préparer et garder à l'esprit une petite liste de questions relativement génériques. Elles porteront sur des sujets positifs, n'engageront pas un dévoilement personnel trop intense pour un début de conversation. Elles seront nécessairement ouvertes. Les questions fermées recevraient une réponse par oui ou par non, et vous ramèneraient là où vous avez commencé une fois répondues.

Voici quelques exemples :

- Que faites-vous dans la vie ?
- Qu'est-ce qui vous a amené ici ce soir ?

- Êtes-vous déjà venu à un évènement de ce groupe ?
- D'où venez-vous ?

Une fois la glace brisée par votre première salve, vous pourrez alors poursuivre par d'autres questions sans oublier de garder le projecteur sur votre interlocuteur aussi longtemps que possible. Deux raisons à cela.

Tout d'abord, vous êtes en acquisition d'information. Vous n'allez rien apprendre si vous occupez tout le temps de parole. La relation débute, vous ne connaissez pas grand-chose de votre interlocuteur et vous êtes en évaluation de ce que vous pourriez lui apporter, de ce qu'il pourrait vous apporter en retour. Sous des couvertes de mondanité, vous êtes en train de procéder à un véritable interrogatoire. Rapidement, vous saurez si votre interlocuteur est un élément clé, un élément institutionnel, un élément parasite, un élément inutile comme défini plus tôt.

Ensuite, et cela vous paraitra peut-être contre-intuitif, plus vous faite parlez votre interlocuteur, plus vous gagnez en contrôle. Avec la pratique, vous allez remarquer un phénomène étrange mais systématique. Il se produit souvent entre la quatrième et la cinquième minute où votre interlocuteur occupe l'espace : il va commencer à prendre conscience qu'il parle trop, une légère gêne inconsciente va prendre place puis grandir. Pour la briser, se sentir mieux et répondre aux conventions et normes sociales, il va naturellement créer une rupture et vous donner la parole. Parfois, il le verbalisera clairement « assez parler de moi », ou bien « je parle trop ! et vous, que faites-vous dans la vie ? ».

Votre interlocuteur aura eu le sentiment de vous devoir une politesse et vous écoutera alors attentivement, bien plus que si vos échanges avaient été équitablement pondérés en temps de parole. Écouter,

103

c'est bâtir à la fois un capital d'information et un capital d'écoute à venir.

En créant un déséquilibre initial, demandant une information personnelle à votre partenaire, un avis, puis en poursuivant sans le laisser s'intéresser à vous, vous vous êtes non seulement assuré de contrôler votre première impression (comment percevoir négativement quelqu'un qui s'intéresse à vous ?) mais vous avez créé un capital que vous allez pouvoir exploiter au meilleur moment.

Occasionnellement, vous pourrez réitérer et donner volontairement trop de place à votre interlocuteur. Nous allons maintenant passer en revue quelques techniques qui permettent justement de laisser volontairement trainer la balle dans l'autre camp.

L'art de questionner

La technique de relance vue plus tôt offre de multiples avantages : vous ne prenez aucun risque, vous n'avez aucun effort particulier à faire, vous offrez à votre interlocuteur de poursuivre sur le chemin sur lequel il s'est déjà engagé.

Il ne faut cependant pas trop en abuser car elle vient également avec certains inconvénients : vous ne prenez aucun risque, vous n'avez aucun effort particulier à faire, vous offrez à votre interlocuteur de poursuivre sur le chemin sur lequel il s'est déjà engagé. En d'autres termes : vous ne démontrez pas un leadership débridé, vous êtes actif en apparence mais passif en perception, vous suivez et n'offrez aucune direction.

L'art de l'écoute active et du questionnement est à l'opposé : vous semblez passif, mais sans y paraitre, vous êtes dans le siège du pilote.

Solliciter une opinion est toujours une tactique gagnante qui séduit tout le monde. Tout un chacun apprécie quand quelqu'un veut savoir ce qu'il pense.

Si vous assistez à un évènement de réseautage d'affaires, vous pouvez demander un avis sur n'importe quel sujet d'actualité dans votre secteur d'activité. Il est bon de poser des questions sur les tendances et les changements majeurs dans l'industrie.

Plus audacieux, s'il y a un projet spécifique ou un produit en particulier sur lequel vous travaillez, une fois que le dialogue est bien avancé, vous pouvez demander : « Voudriez-vous jeter un œil à cela et me faire savoir ce que vous en pensez ? ». Vous n'êtes pas en placement de produit mais en sollicitation d'avis.

La plupart des professionnels sont flattés que quelqu'un d'autre leur demande leur opinion. Si vous avez un produit ou un service à promouvoir, dans certains cas, vous rencontrerez quelqu'un qui n'a vraiment pas le temps de le parcourir en détail. Ils se souviendra cependant que vous leur avez demandé leur avis.

Autre avantage du questionnement, il « s'auto-entretient ». Lorsque vous posez une première question, votre interlocuteur vous fournit dans sa réponse la matière dont vous avez besoin pour poursuivre par d'autres questions. Vous n'avez ainsi pas besoin de préparer un plan séquentiel détaillé, une première question suffit au décollage de la fusée.

Certaines questions seront cependant plus puissantes que d'autres, la pratique et l'expérience vous aideront à les identifier.

Les plus rusés formuleront régulièrement des « questions miroirs ». Insidieusement, elles guideront l'interlocuteur vers des domaines sur lesquels ils ont une pertinence. Par exemple, un consultant en ressources humaines pourrait délicatement et indirectement, au travers de questions successives, rediriger son interlocuteur par étapes pour finalement l'amener à verbaliser ses difficultés à embaucher des ressources qualifiées.

Si toutes les questions ne sont pas équivalentes, soyez prudents avec les questions « pourquoi ». Elles ont tendance à exiger des justifications qui positionnent votre interlocuteur sur la défensive. « Qu'est-ce qui vous amène à penser que … », plus indirect, est généralement la meilleure alternative.

Parfois, c'est vous qui serez la proie d'un questionneur compulsif. Laissez-le agir, observez-le, vous pourriez apprendre de nouvelles techniques et approches.

Jouez le jeu et évitez les réponses succinctes. De façon générale, lorsque quelqu'un vous demande « Comment allez-vous aujourd'hui », évitez de répondre par « très bien ». Donnez quelques informations pour lancer la conversation, par exemple : « Je vais bien. J'ai failli ne pas pouvoir venir ce soir, mais je suis content d'être là car on est justement en train d'envisager cette nouvelle méthode (le sujet de l'évènement) ». Vous êtes en négociation sur le sujet des cinq prochaines minutes et vous venez de prendre l'avantage.

Maintenir une conversation avec un inconnu peut demander de la pratique. Essayez-vous dans d'autres situations, une fête, un rassemblement social décontracté. Vous aurez peut-être besoin de vous entraîner un peu pour vous assurer de rester concentré et énergique pendant la conversation. Soyez conscient du niveau d'énergie que vous dégagez, et n'oubliez pas de maintenir un contact visuel charismatique.

La dynamique des groupes

La force du nombre peut impressionner, mais ne doit pas vous dissuader. Interagir avec un groupe consomme plus d'énergie, mais permet de multiplier les opportunités d'identifier des éléments clés.

Les groupes se forment généralement rapidement en début d'évènement. La bonne nouvelle, c'est que cette dynamique vous donne rapidement accès à des brochettes d'interlocuteurs potentiels. La moins bonne c'est que votre personnage n'a plus de texte, il doit alors improviser, à commencer par le choix d'un groupe cible.

Quelles que soient votre personnalité et votre aisance sociale, une approche est nécessaire. Les introvertis auront besoin d'une excuse pour oser entrer dans un groupe, les extravertis trouveront probablement plus facilement le moyen de mettre le pied dans la porte.

À l'usage des moins confortables avec l'exercice, deux règles rendront l'approche plus facile. La première vise à identifier une personne que vous connaissez dans un groupe. Il sera votre excuse et votre porte d'entrée. Allez la saluer, tout en vous rappelant que vous jouez une pièce de théâtre. Le scénario dit ceci : votre personnage vient de saluer une personne dans un groupe, de lui serrer la main, et se rend compte de son impolitesse. Il s'empressera de corriger en se présentant individuellement aux autres membres. Si l'acteur est masculin, votre personnage aura la courtoisie de saluer prioritairement les dames, dégageant une première impression attentionnée.

Si vous n'avez pas identifié de porte d'entrée, observez et vous remarquerez rapidement des « tonalités ». Dirigez-vous vers le groupe qui vous ressemble le plus. Il correspondra davantage que d'autres à votre tranche d'âge, à votre tenue vestimentaire ou tout autre élément de proximité. En d'autres termes, facilitez l'accès à votre premier groupe. Votre proximité d'apparence vous permettra de vous sentir mieux intégré et devrait faciliter la recherche d'une approche et de sujets de discussions.

Finalement, tentez de toujours privilégier des groupes mixtes hommes / femmes. Sans vouloir entrer dans de débattables explications psychologiques, retenons qu'ils sont généralement plus faciles d'approche. Une fois votre place faite, beaucoup d'acteurs débutants sont mal à l'aise avec l'improvisation. Vous n'osez pas parler à un groupe ? La solution est simple : ne parlez pas, écoutez. Montrez progressivement de l'intérêt en conjuguant les techniques de sourire lent et de positionnement du regard. Lorsque vous êtes prêt, commencez à questionner, injecter une demande d'opinion, puis valorisez un interlocuteur. C'est fait, félicitations, vous parlez à un groupe !

Les zones interdites

Que ce soit dans le questionnement, dans la recherche d'un sujet d'accroche, ou du cheminement dans une discussion installée, une multitude de sujets sont à votre disposition. Comme déjà évoqué, se tenir informé de l'actualité la veille ou le jour d'un évènement est une merveilleuse technique pour vous alimenter. Conservez cependant en tête une liste noire de sujets à n'aborder sous aucun prétexte en groupe ou lors d'une première rencontre avec un inconnu dans un évènement, réservez-les aux conversations avec des personnes de confiance, hors du cadre normé du réseautage.

Les finances d'entreprise sont un sujet pertinent tant que vous ne dévoilez pas de données confidentielles, les finances personnelles sont cependant à proscrire.

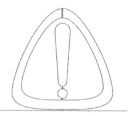

Les sujets liés aux croyances et à la religion sont à proscrire. Ils sont par nature personnels et controversés.

De la même façon, les sujets liés à la politique locale, nationale ou internationale sont à proscrire, ils ont le potentiel de déclencher des réactions émotionnelles trop fortes.

Les sujets et blagues traitant de la vie personnelle et du sexe sont à proscrire, y compris lorsqu'ils font référence à des personnes éloignées (comme à des personnalités).

Toute chose ayant attrait à l'apparence physique, même sous la forme d'un compliment est à proscrire. Paré des meilleures intentions, vous pourriez délivrer un message contre-productif. Il est difficile d'être parfaitement mesuré dans ce domaine, un évènement n'est pas l'endroit pour expérimenter.

Finalement, les plaisanteries, si elles ne sont pas à proscrire, sont à amener avec grande prudence. Retenez-vous d'y aller de spontanéité. Au contraire, prenez toujours le temps de vous assurer que votre blague est tout-terrain et ne saurait être mal interprétée.

Terminer une conversation

Gardez à l'esprit l'image de la bouée de sauvetage. Vous êtes venu pour nager, vous avez sauté dans l'eau, peut-être trouvé une personne ou un groupe avec lequel vous êtes confortable. N'en faites pas une bouée. Multipliez les rencontres. Cela nécessite naturellement de se libérer d'une personne, d'un groupe, d'un récif où l'on se sent bien pour repartir à l'aventure.

À bien des égards, la façon dont vous terminez vos conversations est tout aussi importante que la façon dont vous les démarrez. Bien que vous ayez déjà créé votre première impression, la manière dont vous achevez une interaction déterminera en grande partie une impression durable et la façon dont les gens vous considèreront la prochaine fois que vous les verrez.

Ainsi, s'il est nécessaire de disposer de techniques d'approche, il est tout aussi important de maitriser des techniques de sorties négociées et indolores. Elles laisseront une solide impression positive.

De façon générale, partez, mais ne fuyez pas. Il sera particulièrement important de ne pas négliger le contact visuel et d'offrir un départ franc.

Vous pouvez être synthétique dans votre conclusion sans paraitre brutal dès lors que vous savez l'adoucir par un appel à l'action. Voici quelques exemples dont vous saurez vous inspirer.

« Merci d'avoir partagé sur votre projet, c'est passionnant, je dois poursuivre mon tour, mais puis-je vous laisser ma carte, j'apprécierais de connaitre la suite de votre histoire. »

« Ravi de vous avoir rencontré, seriez-vous présent sur LinkedIn ? »

« C'était un plaisir, je vais aller prendre un verre, j'espère vous revoir à un évènement. »

Quelle que soit votre approche, assurez-vous de toujours la conclure sur une note positive.

Dans des cas extrêmes, où vous seriez pris de scrupules et mal à l'aise d'avouer que vous allez butiner ailleurs dans une salle bondée, une technique pourrait vous tirer d'affaire : « Ah, je viens de voir Pierre-Antoine, il faut que j'aille le saluer, ravi d'avoir fait votre connaissance, j'espère vous recroiser ». Il n'y aura évidemment pas véritablement de Pierre-Antoine dans l'auditoire, vous pourriez ressentir une petite gêne passagère. Dites-vous qu'il en est parfois ainsi dans les pièces de théâtre.

APRÈS UN ÉVÈNEMENT

Votre travail ne s'arrête pas lorsque l'évènement ferme ses portes ou lorsque vous le quittez. Il vous reste trois devoirs à réaliser, idéalement dans les 24 heures suivantes.

Remercier

Nous avons beaucoup insisté sur l'importance des premières impressions. Les dernières ne sont pas neutres, et vous avez l'opportunité d'injecter une petite piqure de rappel à ceux dont vous aurez particulièrement apprécié la présence, les discussions ou les interventions (présentation, discours, panel…). N'oubliez pas les organisateurs qui consacrent beaucoup de leur temps professionnel ou personnel à vous offrir la plus belle des machines à réseauter.

Un appel, un courriel, vous utiliserez le média de votre choix. Réitérer l'expression de sa gratitude est un acte qui sera nécessairement perçu comme généreux, contribuant à votre capital de sympathie.

Vous voulez renforcer votre réseau ? vous n'êtes pas le seul. En envoyant un remerciement, vous invitez votre interlocuteur à se souvenir de vous. Dans certains cas, ce sera suffisant pour qu'il prenne action, vous invite à vous connecter sur LinkedIn, ou vous inscrive dans son CRM personnel.

Identifier les éléments clés

Au-delà des remerciements relativement protocolaires. Sachez identifier les éléments clés tels que nous les avons définis plus tôt. Dans certains cas, vous avez pu effectuer un dépistage pré-évènement. Comme attendu, vous n'avez pas pu rencontrer toutes vos cibles, certaines ne se sont pas nécessairement retrouvées placées où vous l'anticipiez dans la grille POUVOIR-VOULOIR. Vous avez également rencontré de nombreuses personnes non ciblées initialement. Comme pour toute opération tactique de terrain, un débriefing s'impose.

Pour ce qui est d'accroitre votre réseau, soyez un collectionneur, pas un accumulateur compulsif. Peu d'objectifs trouveront une aide véritable dans un amas de contacts ou dans une pile de cartes de visite mal qualifiées.

Vous résisterez donc à la tentation du nombre s'il est au détriment de la qualité. À ce titre, il serait suspect de pouvoir identifier plus de deux ou trois éléments clés dans un seul évènement. Ce faible corpus vous permettra de leur apporter un traitement tout particulier.

Vos remerciements seront plus personnalisés et la nature naissante de la relation justifiera une demande de contact LinkedIn.

Nous reviendrons en détail sur l'usage de LinkedIn, pour ce qui nous concerne dans l'immédiat, souvenez-vous de ne jamais utiliser le texte d'invitation par défaut.

Voici une formule beaucoup plus appropriée : « J'ai beaucoup apprécié vous rencontrer hier à …, et j'aimerais vous proposer de nous connecter et poursuivre nos interactions. ». Votre interlocuteur notera cette attention de personnalisation à son endroit.

Voici également une formulation en anglais : « I truly enjoyed meeting you yesterday at …, and I look forward to interact with you as part of my network. »

Cela dit, vous n'en resterez évidemment pas à une invitation sur LinkedIn, poursuivons l'action…

Mettre à jour votre réseau

Vous avez identifié-rencontré ou bien rencontré-identifié des éléments clés. L'invitation à rester connecté est envoyée, il vous reste à en informer votre CRM personnel. Ne tardez pas avant de créer une nouvelle fiche avant afin de pouvoir capturer un maximum de détails sur vos rencontres palpitantes.

Au-delà des nouveaux « éléments », vous avez peut-être rencontré des personnes déjà présentes dans votre CRM. C'est l'heure de la mise à jour. Un contact vous a mentionné ses vacances en Italie dans trois mois ? Magnifique, il vous a offert une opportunité pour le recontacter dans quatre mois et maintenir active votre relation. Un autre contact vous a mentionné qu'il recherche un excellent directeur en assurance-qualité ? C'est le moment de parcourir votre réseau, si ce n'est pour trouver la perle rare, peut-être pour le diriger vers une personne qui le rapprochera de son objectif. Vous ne voyez pas comment l'aider ? Notez simplement sa recherche, cela vous permettra de penser à le questionner à votre prochaine rencontre. Vous renforcerez ainsi votre relation par cette attention particulière, et vous serez plus intelligent de savoir comment il a résolu son problème de recrutement.

La vitalité de l'information contenue dans votre CRM personnel est cruciale, y synthétiser toutes vos interactions est particulièrement important pour la dernière étape du parcours du réseauteur : la maintenance.

Votre réseau est un objet vivant. Si vous ne lui accordez pas l'amour requis, il va déprimer au point d'entrer dans une profonde neurasthénie qui le rendra totalement improductif. Donnez-lui de l'amour, et il resplendira au service de vos objectifs.

Donnez donc occasionnellement du temps à votre réseau. Ce peut-être une saine habitude à itérer après chaque évènement, ou une activité récurrente chaque semaine ou chaque mois selon l'agressivité de vos objectifs. Un CRM bien organisé vous permettra d'identifier instantanément où porter votre attention.

Prenez donc régulièrement le temps de parcourir la liste de vos contacts afin d'y identifier trois catégories d'action : suivre, maintenir et renforcer.

Les actions de suivi : vous aviez décidé d'effectuer un suivi par rapport à certaines informations fournies par un contact, des échéances auxquelles il est confronté, sa promesse de vous rendre un service ? Est-ce le bon moment ?

Les actions de maintenance : cela fait plus de 3 mois que vous n'avez pas vu ni entendu un contact crucial, ne laissez pas mourir la relation, c'est le moment d'une sollicitation. Elle sera sophistiquée ou un simple « quoi de neuf ? » selon votre degré de relation et de familiarité. Tout mais pas l'indifférence, comme dit la chanson.

Les actions de renforcement : vous avez identifié un élément clé à « dorloter » car particulièrement aligné sur vos objectifs du moment, ou votre intuition vous conduit à penser qu'il participera à vos objectifs futurs ? Définissez une stratégie. Son fil LinkedIn pourrait vous alimenter en une multitude d'opportunités d'interaction ou d'approches pour raviver la relation.

DEVENIR UN MONSTRE DU RÉSEAUTAGE

De réseauteur passif à réseauteur hyperactif

Nous sommes montés à bord d'un train avec de nombreuses stations. Au cours de ce chapitre, vous avez débuté un dessin puis une cartographie de votre réseau, défini des objectifs, identifié des évènements, pratiqué une série de stratégies visant à « recruter » des éléments clés mobilisables. Nous avons étudié le charme et la séduction. Nous avons également passé en revue les techniques visant à maintenir un réseau en santé.

Avec la pratique, vous passerez assurément du rang des réseauteurs passifs à celui des réseauteurs actifs. Pour les plus motivés, il restera une marche à franchir, celle de l'hyperactivité.

Si vous n'avez pas encore pris d'engagement à participer à un évènement pour débuter la pratique, vous faites peut-être partie de ceux dont ce chapitre finissant n'a pas su totalement apaiser les appréhensions. Dans ce cas, nous pouvons adoucir la pente. Ne « participez » pas à un évènement, « assistez » à un évènement. C'est entendu, vous resterez passif. Vous allez évidemment faire preuve de politesse et répondre aux sollicitations qui se présentent mais vous ne déploierez aucune initiative particulière. Vous observerez les dynamiques et préparerez ainsi une prochaine participation plus active.

Lorsque vous aurez assisté, puis participé, trois autres étapes s'offriront à vous, chacune d'elle offrant un énorme potentiel de développement pour votre réseau. Nous poursuivons notre voyage, il nous reste trois stations.

Première station : une performance publique. Très souvent, qu'ils soient professionnels ou associatifs, les évènements offrent du contenu sous la forme d'une série de présentations, d'une table ronde, d'un panel... Visez d'être sous les lumières quelques instants. Identifiez un sujet que vous maîtrisez et sur lequel vous aurez la pertinence de faire une mini-présentation puis de répondre à quelques questions, de participer à un panel où vous partagerez votre expérience. Identifiez les évènements susceptibles d'être votre plateforme de visibilité, assistez à quelques rencontres pour vous assurer de la tonalité et de l'adéquation entre votre offre et les attentes puis passez à l'action, proposez-vous. Le jour de votre prestation, vous allez devenir l'élément clé d'une partie de l'auditoire et allez nécessairement bénéficier d'une prodigieuse accélération dans l'établissement de nouveaux contacts.

Deuxième station : le co-pilotage. Bravo, vous avez pris publiquement la parole et délivré du contenu lors d'un évènement. Vous avez tracé la voie pour poursuivre et offrir votre aide à l'organisation des prochains opus de cet évènement. À nouveau, vous allez démontrer d'un dynamisme qui va mettre votre charisme sur orbite et accélérer grandement votre vitesse de croisière en matière de réseautage.

Troisième station : le pilotage. Lorsque vous aurez itéré quelques participations à l'organisation d'évènement comme co-organisateur, et que vous vous sentirez prêt, organisez votre propre évènement. Identifiez votre sujet de prédilection, étudiez la « concurrence », trouvez l'approche différenciatrice, puis passez à l'action, organisez votre premier évènement professionnel ou une rencontre MeetUp ou EventBrite. Au stade où vous êtes rendu, vous disposez de tout un réseau pour vous aider, n'est-ce pas ?

Descendez du train à la station qui correspond à vos objectifs, vous pourrez reprendre votre parcours plus tard si vous le souhaitez.

Voyagez sereinement, sans oublier d'y prendre du plaisir, et en méditant sur une citation de Nouredine Meftah : « peu importe la destination, c'est le voyage qui compte ».

LINKEDIN

Pourquoi LinkedIn ?

LinkedIn sera votre compagnon en amont et en aval des événements de réseautage auxquels vous allez assister. Il sera également un outil de gestion pour toute autre occasion de rencontres planifiées ou inopinées. Avec plus de 800 millions de membres, LinkedIn est de loin le plus grand site de réseautage social qui s'adresse à la démographie professionnelle.

Qui sait exploiter pleinement LinkedIn pourra l'utiliser au service de nombreux objectifs :

- Reprendre le contact avec une personne
- Trouver une personne spécifique avec qui communiquer et éventuellement l'ajouter à votre réseau
- Trouver un emploi en adéquation avec ses qualifications
- Développer de nouvelles affaires en recherchant activement de nouveaux clients et partenaires
- Trouver des réponses aux questions posées par d'autres professionnels sur une grande variété de sujets
- Trouver des solutions aux problèmes de l'entreprise grâce à l'interaction avec d'autres professionnels
- Trouver des fournisseurs de services recommandés par votre réseau
- Trouver des groupes de professionnels partageant les mêmes idées avec lesquels se connecter
- Trouver des événements auxquels assister en fonction de votre intérêt professionnel
- Partager des informations pour rester en contact avec votre réseau, mettre en valeur votre expertise ou faire la promotion d'un service ou d'un produit
- Renforcer votre crédibilité et vous positionner en expert dans votre domaine

Quels que soient vos objectifs, LinkedIn sera votre connecteur. Il facilitera et accélèrera vos initiatives, vous permettra de bénéficier pleinement du fruit de vos efforts.

Comme tout moteur, il nécessite du carburant : l'amour et la délicate attention que vous allez lui consacrer au quotidien. Comme pour tout amour dont on souhaite la pérennité, parlons d'engagement.

Bâtir sa marque personnelle

Votre profil est le cœur des informations personnelles qui seront exposées aux autres membres de LinkedIn. Il participe ainsi aux « premières impressions » que vous laisserez en quelques secondes à chaque personne visitant votre page.

Il convient donc d'accorder une importance particulière à soigner la qualité des informations fournies tant sur le fond que sur la forme, afin que celles-ci délivrent un message consistant et véhiculent une première impression de qualité, fiabilité et confiance. Le vocabulaire ne laissera pas de doute sur l'intention, il va réellement s'agir de marketing social où vous vous trouvez être un produit, un parmi tant d'autres sur le gigantesque catalogue LinkedIn.

Si ce catalogue est en effet impressionnant par la taille, avec plus de 800 millions de comptes, il l'est également par sa structure. Les informations capturées, enregistrées, indexées sont identiques pour chaque profil et standardisées, rendant les capacités de recherche de LinkedIn si puissantes.

Compte tenu de ce volume considérable de « produits » disponibles, comment allez-vous amener le butineur à vous trouver. Plus important encore, lorsqu'il vous trouvera, projetterez-vous la bonne marque qui augmentera vos chances de succès dans l'atteinte de vos objectifs ?

Chacun projette une marque personnelle à travers tout ce que nous faisons, portons, touchons ou discutons. Prenez conscience de comment vos compétences et vos expériences uniques participent à une image, et comment cette image est associée à l'impact que vous pouvez avoir en action. Prenez action pour ne pas subir mais pour contrôlez votre marque au travers de l'expression cohérente de votre profil.

Lorsque vos contacts connaissent votre marque et que celle-ci indique une direction claire, ils sont beaucoup plus susceptibles de la faire progresser pour vous par le biais de références, de recommandations, etc. Lorsque les bonnes opportunités se présentent, vous serez vu comme un produit homogène, facile à expliquer et donc à proposer.

Il peut être perturbant de résumer un être humain en un objet commercial. Le processus de branding professionnel nécessite une introspection et une réflexion approfondie. Dans certains cas, réfléchir à votre image de marque peut devenir une épreuve émotionnelle.

Gardez à l'esprit que l'efficacité de votre marque est déterminée par le lien qui existe entre ce que la marque prétend et ce qu'elle peut réellement offrir. En d'autres termes, vous devez être en mesure de prouver et de quantifier votre marque professionnelle, par l'expérience et les réalisations.

Votre réflexion étant faite, votre stratégie marketing définie, vient le moment de saisir, améliorer, réorienter vos informations sur LinkedIn. Voici un nouveau moment délicat. Votre profil sera effectivement accessible au public pour vendre votre produit. Les plus réservés marqueront sans doute un temps d'arrêt. Sachez cependant que si vous ne fournissez pas suffisamment d'informations sur votre profil, vous souffrirez d'un handicap majeur. Le catalogue est épais, 800 millions d'autres produits, prenez avantage de tout ce qui vous est offert.

LinkedIn privilégie en effet les profils complets. Voici d'ailleurs la définition de LinkedIn d'un profil complet à 100% :

- nom et poste : 25%
- photo : 5%
- résumé : 5%
- spécialités : 5%
- éducation : 15%
- emploi antérieur 1 : 15%
- emploi antérieur 2 : 15%
- recommandation 1 : 5%
- recommandation 2 : 5 %
- recommandation 3 : 5 %

Un profil complet, un profil cohérent, un profil qui vous met en valeur, au service de vos objectifs, c'est ce que vous allez bâtir progressivement. Si vous disposez déjà d'un profil, vous saurez tirer parti des conseils qui vont suivre pour en améliorer la cohérence et la performance.

Votre photo

Avouez que se cacher sur un outil dont l'objet est d'y être visible démontrerait de votre contradiction, première impression peu enviable. Votre photo est donc un requis.

LinkedIn est un réseau professionnel, avoir une photo professionnelle, engageante, fait partie des éléments qui stimulent l'envie de se connecter à vous, de vous rencontrer.

Il est ainsi très important de pas négliger cet aspect de votre communication. En effet, même si la qualité des photos a considérablement augmenté sur les réseaux sociaux ces dernières années, il est encore fréquent de rencontrer des photos mal cadrées, floues, prises n'importe où avec un appareil de mauvaise qualité, ou encore des photos qui présentent l'ombre générée par la lumière du flash sur le mur derrière le sujet.

Même s'il s'agit d'une photo professionnelle, n'oubliez pas que le but est de susciter de l'empathie et de la confiance. Paraître sérieux et fermé n'est pas un impératif, la sympathie et la vitalité sont davantage véhiculées par une apparence ouverte et souriante.

Pour ce qui est de la pause, assurez-vous dans la mesure du possible de porter vos épaules sur la gauche. Au besoin, inverser votre photo horizontalement. Cela permettra à votre regard de se diriger vers la gauche et inviter ainsi le visiteur à se diriger vers le contenu de votre profil, plutôt que d'indiquer une direction vide de contenu.

Pour choisir une tenue adéquate, regardez les images de collègues ou de concurrents dans le même secteur d'activité afin de déterminer si un style particulier ou une tendance se dégage. Une petite touche de particularité vous permettant de vous démarquer est tout à fait acceptable, cela dit, notez que les couleurs unies rendent souvent mieux devant l'objectif.

En cas de doute, l'option de faire appel à un photographe professionnel est sans doute la meilleure option. Il saura comprendre le message que votre marque veut délivrer au travers de votre photo et ainsi capturer le moment magique. Vous avez sans doute un photographe dans votre réseau, ou un contact qui peut vous en référer un.

Votre titre, vos mots-clés

Petite mise en situation : félicitations, vous avez construit une entreprise reconnue dans son secteur, les technologies de la santé, forte de 200 employés et présente dans 4 pays. Votre expansion est désormais claire : croissance par acquisition. En d'autres termes, vous comptez acheter des concurrents. Votre stratégie est définie, il vous faut à présent l'exécuter, et vous recherchez le consultant pour vous accompagner. Après une recherche sur LinkedIn, seriez plus enclin à contacter :

- Michel Tremblay – Président, Tremblay CM Inc

ou bien :

- Michel Tremblay – 20 ans d'expérience en Fusions et Acquisition > $1m en MedTech

Comme vous le constatez, le champ de titre n'est pas obligatoirement constitué de la classique juxtaposition du libellé d'un poste et du nom de l'entreprise. C'est ce que LinkedIn vous proposera par défaut mais ce champ est modifiable. Il peut contenir jusqu'à 120 caractères, de quoi raconter une histoire, votre opportunité de décrire votre expérience et d'articuler ainsi votre proposition de valeur.

Petite astuce, si 120 caractères ne suffisent pas, procédez à cette modification via l'app LinkedIn sur votre téléphone intelligent. Pour une raison obscure, l'app. vous octroie 240 caractères, le double permis via le web.

Ne négligez pas l'expression de votre proposition de valeur. L'emplacement est idéal et la visibilité maximale pour exprimer le bénéfice que vous apportez. La formulation étant libre, vous pouvez optez pour un titre narratif, ou bien un style définitivement moderne composé de mots-clés séparés par une barre verticale.

Quelle que soit l'option que vous choisissez, incluez vos mots-clés les plus importants. Il y a de fortes chances que vous apparaissiez au-dessus des « produits » concurrents ne les ayant pas précisés, LinkedIn accordant une importance élevée à chaque mot de votre titre dans les recherches.

N'hésitez pas à utiliser complètement ce précieux espace mis à votre disposition, et à juxtaposer vos rôles. Vous pouvez parfaitement être « Entrepreneur en Série | COO de NeuroServo Inc. | Formateur | Conférencier | Auteur | Consultant en médias sociaux ».

Les plus audacieux ajouterons un appel à action en fin de titre, comme par exemple « contactez-moi », « appelons-nous », « pour en savoir plus », « parlons-en », « échangeons »…

Vous pouvez également opter pour y aller du mystère, mentionner vos réalisations sans donner de détail. N'auriez-vous pas envie de parcourir un profil et d'en apprendre davantage à la lecture du titre suivant : « J'ai aidé 5 entreprises à réaliser plus de 1 milliard de chiffre d'affaires. Parlons-en et soyez la 6ème ». Certaines expertises demandent de l'audace, faites-en preuve dans votre titre.

Quelle que soit la formule que vous retiendrez, assurez-vous qu'elle décrive clairement la valeur que vous apportez et qu'elle explique comment vous faites une différence.

Dernier point, notez que chaque fois que vous changerez votre titre professionnel ou entreprise, LinkedIn renversera le titre de votre profil que vous vous êtes confectionné sur mesure par le titre générique de la combinaison de votre nouvelle fonction et entreprise.

Votre résumé

Vous pouvez considérer le résumé de votre profil comme votre lettre de motivation pour votre emploi actuel, présentant vos attraits majeurs, vos réalisations, votre passion. N'hésitez pas à tirer pleinement partie des 2000 caractères qui vous sont offerts. Si cela vous semble trop court, vous pouvez rediriger vers d'autres sections de votre profil et souligner ou résumer les informations que vous allez détailler ailleurs.

Votre résumé doit viser la conjugaison de trois composantes : la visibilité, la concision, le charme. Comme pour toute marque, n'hésitez pas à faire usage de mots-clés pertinents pour votre domaine d'expertise. Ils vous permettront d'être présent dans les recherches avec les mots concernés.

Sachez être percutant, votre résumé n'est pas l'endroit pour de longues démonstrations, soyez factuel. Si l'on soigne sa tenue vestimentaire, son approche, sa première impression lors d'un évènement de réseautage, il doit en être de même pour votre résumé. Il est au centre de la première impression virtuelle qui déclenchera, ou non, le désir d'en savoir plus sur vous.

En effet, vous augmentez considérablement la probabilité d'amener le butineur à lire la suite de votre profil LinkedIn si vous avez su capter

son intérêt au début par une accroche prometteuse dès la première ligne et leur avez fourni des informations claires, engageantes, et dans un format soigné.

Une première erreur courante est de ne pas se distinguer de son entreprise, au risque de laisser le lecteur perplexe. Votre profil LinkedIn est personnel, il peut parler de vous au sein de votre entreprise tant que vous demeurez le sujet central.

Une seconde erreur courante consiste à copier une partie de son CV dans la section résumé. L'exercice est foncièrement différent dans son objectif. Votre CV vise à convaincre sur une adéquation par rapport à un besoin. Votre résumé LinkedIn est un aimant qui vise à séduire. Plus que d'exprimer une réponse à une offre d'emploi, verbalisez ce que vous voulez apporter à votre public cible.

Pour ce qui est du format, deux écoles s'opposent et il convient de définir celle qui sera la plus à même à présenter votre résumé. La première fait usage de la forme narrative, souvent en utilisant votre prénom et la troisième personne du singulier. La seconde, plus concise, souvent sans verbe conjugué, sous la forme de puces.

Résistez à la tentation de vouloir être trop complet sur votre expérience et sur vos talents. À nouveau, ce résumé n'est pas un mini-CV mais l'expression de qui vous êtes, et de ce qui vous anime. À ce titre, ne vous figez pas sur le passé, n'hésitez pas à présenter vos objectifs.

Le premier paragraphe est le résumé de votre résumé, le Saint des Saints. Il doit être suffisamment percutant, à lui seul, pour provoquer un désir de rencontre. Selon la personnalité, il peut être un peu intimidant de se mettre ainsi et autant en valeur. Il faut parfois se faire violence, LinkedIn est un espace concurrentiel, vos « gentils » concurrents n'auront aucun scrupule à faire briller leurs plus beaux arguments.

Le reste du résumé doit rester en résonnance avec le premier paragraphe, le compléter, l'expliquer. Incluez des détails sur vos réalisations majeures, les types d'expérience dont vous disposez (sans entrer dans un détail listé des emplois). Les faits saillants, chiffrés si possible sauront également venir en renfort à votre première phrase d'accroche.

Dernier point, LinkedIn n'offrant pas de correcteur orthographique intégré, écrivez votre résumé dans un traitement de texte, effectuez une vérification orthographique et grammaticale, comptez le nombre de caractères, puis collez le contenu de votre prose dans LinkedIn. Votre résumé est votre chance de montrer ce qui vous rend unique et désirable, ne soyez cependant pas unique par votre créativité en matière d'orthographe ou de grammaire.

Vos compétences

Depuis 2012, LinkedIn permet à toute personne faisant partie de votre réseau de vous recommander pour une des compétences listées sur votre profil, et ce en un seul clic.

Les autres recommandations sur LinkedIn, celles écrites, justifiées et donc personnalisées traduisant une implication certaine de l'auteur. Elles apportent une réelle valeur ajoutée, nous y reviendrons.

L'importance pour votre profil des compétences recommandées par simple clic est assez débattable.

En effet, LinkedIn vous affichera régulièrement une sélection de quelques contacts, tout en vous suggérant d'approuver des expertises et compétences. Si vous pensez que la suggestion est bonne, vous cliquez pour recommander la personne sur la compétence concernée.

C'est à la fois simple et rapide, et le cœur du problème : la personne qui recommande n'a pas à démontrer des circonstances dans lesquelles elle a été en mesure de valider votre compétence. La valeur d'un tel clic ne traduit aucun engagement profond et s'apparente davantage au « J'aime » de Facebook qu'à une véritable recommandation.

De surcroit, de nombreux sondages tendent à démontrer que peu de personnes, y compris parmi les recruteurs, n'accorde un véritable crédit à ces recommandations express. Beaucoup y voient surtout une technique à l'avantage de LinkedIn lui-même. En effet, ces recommandations validées vaguement par votre entourage permettent de vous situer, lister vos zones d'activités, vous profiler plutôt que de valider votre réelle compétence dans ces domaines.

Cette section ne semblerait donc à priori pas d'une importance décisive. Il convient cependant de lui accorder un peu de temps occasionnellement pour éviter un effet indésirable relativement peu fréquent mais perturbant lorsqu'il se produit.

En effet, si vous ne renseignez pas de vous-même votre liste de compétences, LinkedIn tentera de les deviner pour ensuite les soumettre pour validation à vos contacts. Il se trouve que les algorithmes de LinkedIn sont suffisamment intelligents pour déterminer généralement avec justesse vos domaines d'expertise. Cela dit, rien n'étant infaillible, un mot mal orthographié dans votre profil, une confusion syntaxique et LinkedIn pourrait parfaitement vous considérer un expert en dance folklorique et s'enquérir de recommandations dans ce domaine auprès de vos contacts. La compétence est très louable, mais peut-être n'apprécieriez-vous pas de présenter ce type de recommandation sur votre profil.

De même, si vous ne précisez pas vos compétences, LinkedIn se chargera non seulement de les définir, mais également de les ordonner. Vous pourriez vouloir préférablement mettre en avant certaines compétences que d'autres.

La parade est simple : renseignez vos compétences vous-même, idéalement progressivement afin de favoriser les premières en tête de liste, retirez celles que LinkedIn aurait pu ajouter et que ne seraient pas alignées avec votre stratégie. En d'autres termes, on n'est jamais aussi bien servi que par soi-même !

Vos réalisations

Les visiteurs consultent votre profil LinkedIn pour découvrir non seulement qui vous êtes mais également vos réalisations professionnelles. Si vous ne faites aucune « publicité », ils pourraient se demander ce que vous cachez, pourquoi vous ne faites aucune mention de vos faits d'armes, ou si vous avez été simplement trop paresseux pour renseigner cette section. Vous perdez également des opportunités d'insérer des mots clés dans votre profil, autre moyen efficace pour apparaitre dans les recherches.

La section de vos réalisations est votre espace de crédibilité, celui où vous pouvez démontrer clairement de votre capacité à améliorer l'efficacité ou les résultats d'une entreprise. Idéalement, vous mettrez l'accent sur des résultats manquants, concrets incluant des dates, des pourcentages, des chiffres…

Tout ce qui démontre d'une amélioration honorable du fait de vos efforts directs est digne de mention : augmentation des revenus, récompenses obtenues pour vous ou pour votre entreprise, amélioration des processus débouchant sur des économies ou des gains de productivité, certifications, homologations, amélioration de l'image de l'entreprise, ouverture de nouveaux canaux de distribution pour les ventes, améliorations de produits, développement de produits, amélioration de la fidélisation des clients, de la culture d'entreprise, du moral, de la rétention des employées...

Certes, cette section est relativement peu consultée, enfouie à la fin de votre page de profil. Cela dit, ne négligez pas ceux qui se sont donné la peine de s'y rendre. Pour en être arrivé à cette section, tout indique que votre visiteur prend soin de faire un examen complet de votre profil. Il ne s'agit donc pas d'un butineur compulsif mais d'une personne dont vous avez capté l'attention et qui veut brosser un portrait de ce que vous avez à offrir.

À nouveau, la section des réalisations est votre espace de crédibilité. Assurez-vous qu'elle ne déçoive pas par l'absence de faits notables, qu'elle ne surprenne pas par des éléments n'ayant aucun rapport avec les forces que vous avez mises en valeur en introduction, mais qu'elle offre au contraire un renforcement positif sur la valeur du produit de votre marque personnelle.

Promouvoir sa marque

Ce matin, à votre réveil, vous étiez une personne. Un mini-séisme a eu lieu en cours de journée et vous voici à présent une marque personnelle. Comme toute marque, vous être présent sur internet, en l'occurrence sous la forme de votre profil LinkedIn.

Vous avez fait les efforts pour donner une saveur unique à vote marque et la présenter sous les meilleurs aspects. Bientôt, votre marque publiera des informations, des articles et fera d'autres démonstrations de son dynamisme.

Au-delà de l'envoi d'invitations sur lequel nous allons revenir, le moyen le plus simple et rapide de promouvoir votre profil consiste à créer un lien personnalisé et à l'ajouter à votre signature électronique. Vous pourriez utiliser le lien que LinkedIn a généré pour vous, mais il est probablement composé de votre nom avec une suite de chiffres et de lettres. Vous gagneriez à disposer d'une URL moins cryptique.

http://www.linkedin.com/in/PrénomNom aura le mérite d'être plus court et plus mémorable.

La recette est relativement simple :

- o Cliquez sur l'icône *Vous* en haut de votre page d'accueil LinkedIn.
- o Cliquez sur Voir le profil.
- o Cliquez sur *Modifier le profil public et l'URL* sur le côté droit. Vous serez redirigé(e) vers la page *Préférences du profil public*.
- o Sous *Modifier votre URL personnalisée* sur le côté droit, cliquez sur l'icône *Modifier* à côté de l'URL de votre profil public.
- o Modifiez la dernière partie de votre nouvelle URL personnalisée dans la zone de texte.
- o Cliquez sur *Enregistrer*.

Votre combinaison prénom / nom n'est pas disponible ? Essayez votre nom de famille suivi de votre prénom, ou utilisez une initiale ou deux. Trouvez une solution qui vous convient à votre marque. Gardez à l'esprit que votre URL personnalisée doit comporter entre 5 et 30 caractères et ne doit pas inclure d'espaces ni de « caractères spéciaux » comme le tiret, les points et d'autres symboles. Une autre option consiste à ajouter un mot clé pertinent à la fin de votre nom, par exemple : JeromeArnaudEntrepreneur.

Inviter

Rien n'est plus simple que d'inviter un contact à se connecter à vous sur LinkedIn : une simple recherche vous guidera vers le profil de la personne concernée, le bouton bleu de demande de connexion sera disponible directement depuis la liste de résultats.

Advenant la recherche d'un nom relativement commun, vous pourriez affiner la recherche par la ville, l'entreprise, la langue ou d'autres critères pour arriver à vos fins.

Devant cette facilité déconcertante, une proportion non négligeable d'usagers LinkedIn se montre sélective pour ce qui est de la décision d'accepter, décliner ou ignorer les invitations. Certains vont accepter toute demande mais beaucoup jugent de la pertinence de la connexion selon le contenu textuel de l'invitation et le profil du demandeur. D'autres n'acceptent des demandes que provenant de personnes qu'elles connaissent pour avoir eu des échanges antérieurs. D'autres finalement se posent comme règle de n'accepter que les demandes provenant de personnes qu'elles ont déjà rencontrées physiquement.

Vous ne connaissez rien de la stratégie de filtrage de votre cible, cela dit, une technique dite des « 4P » vous donnera les meilleures chances de succès. Votre demande doit être Polie, Pertinente, Personnalisée, et Professionnelle.

Un 5ème « P » peut compléter la série : « Praiseful » en anglais, signifiant élogieux. Cette dernière composante étant peut-être davantage à réserver pour un contact de culture anglo-saxonne où les louanges sont plus usuelles dans la sphère professionnelle que dans la culture européenne.

L'anti-5P existe, il vous suffit de cliquer sur l'envoi de l'invitation par défaut. Rien n'est plus désagréable que de recevoir cette invitation sibylline. Au quotidien, abordez-vous les personnes directement en tendant la main et en leur disant de façon abrupte « Faites partie de mon réseau » ? J'imagine que vous y mettez un peu plus de formes, que vous présentez, que vous tendez la main avec un sourire ? Il doit en être de même via LinkedIn.

Votre effort doit donc se concentrer sur la personnalisation de l'invitation. Soyez donc Poli, Pertinent et Professionnel, mais sans vous épancher en longueur. Votre cible appréciera que vous lui précisiez dès les premiers mots le pourquoi de cette invitation.

Vous avez rencontré votre cible ? « Nous nous sommes croisés lors de *[événement]* . J'ai pensé vous inviter pour rester en contact. Au plaisir de se connaître davantage. »

Vous voulez reconnecter avec un ancien ami ? « Ça fait un bon moment depuis *[une école, une entreprise]*. Je viens de voir ton profil dans la section Les connaissez-vous ? On reconnecte ? »

Vous voulez connecter avec un expert ? « Je suis en train d'agrandir mon réseau pour échanger avec des experts dans le domaine de *[domaine]*. »

Vous voulez connecter avec une relation de niveau 2 ? « *[Contact commun]* m'a parlé récemment de vous. Je prends l'initiative de vous inviter. Sentez-vous à l'aise d'accepter ou non. »

Prenons une petite pause pour méditer sur votre lecture de ce livre. Si tout va bien, vous et moi venons de passer quelques heures ensemble. Je ne serai pas mécontent d'en apprendre davantage sur vous. Vous me proposez une connexion ? Trouvez-moi, il ne devrait pas y avoir des centaines de Jérôme Arnaud à Montréal avec un profil d'entrepreneur.

Écrire une recommandation

Rédiger une recommandation LinkedIn est à la fois simple et complexe. LinkedIn vous guidera cependant tout au long du processus de rédaction mais n'écrira pas le corps de la recommandation pour vous. C'est le temps que vous allez y consacrer et le soin porté à l'argumentation qui donneront toute sa valeur à votre recommandation.

La seule ligne directrice, relativement intuitive, est la positivité de votre témoignage. Avant de rédiger votre première recommandation, prenez le temps de parcourir celles reçues par certains profils de votre réseau, vous ne pourriez qu'en être mieux inspiré. Vous remarquerez la multitude d'approches possibles, tant sur le fond que sur la forme. Parfois courtes, parfois détaillées en longs paragraphes, utilisez le format avec lequel vous serez à l'aise pour véhiculer votre sentiment réel et authentique.

Il est important de commencer votre recommandation par une phrase qui attire l'attention du lecteur et donne envie de lire la suite. Mettez donc immédiatement en avant les principales qualités de la personne que vous recommandez. Evitez tant que possible les superlatifs comme « c'est la meilleure personne que je connaisse » ou « c'est la meilleure dans ce qu'elle fait ». Il existe plusieurs autres façons de mettre en valeur les qualités d'une personne de manière plus crédible et subtile.

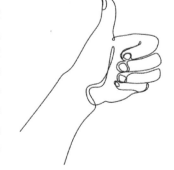

Vous pourriez par exemple débuter par « Je n'ai pas rencontré beaucoup de gestionnaires comme Mathilde dans ma carrière. Elle a été et demeure une source d'inspiration pour moi. » ou bien encore souligner une seconde qualité interpersonnelle : « Paul n'est pas seulement un excellent gestionnaire, c'est aussi quelqu'un avec une qualité d'écoute incroyable. »

Vous pouvez alors poursuivre en expliquant explicitement votre relation avec la personne (ce qui vous a amené à travailler ensemble, durant combien de temps et sur quels types de projets vous avez eu l'occasion de travailler avec cette personne) puis décrire une des qualités de la personne qui la place en avant des autres. Pour demeurer factuel, soulignez particulièrement les expériences que vous avez eues avec la personne concernée et qui mettent en avant ses forces. Parcourez préalablement le profil LinkedIn et ce qu'il mentionne comme grandes réalisations afin de faire écho à celles-ci.

Si vous êtes à l'aise, vous pouvez également souligner des qualités personnelles, comme la facilité d'intégration, l'humour, la bonne humeur…

Finalement, la phrase finale se doit d'être une conclusion solide. Votre recommandation doit être engagée et claire. Inutile de faire en longueur, misez sur l'efficacité d'une formule comme « Je recommande sans aucune réserve Patrice pour ses talents de gestionnaire », ou encore « J'ai la plus grande estime pour Philippe, tout client sera heureux de l'avoir comme comptable ».

Recevoir des recommandations

Vous pourriez consulter votre profil, cliquer sur « demander une recommandation », sélectionner 100 ou 200 relations puis envoyer le texte prédéfini et attendre patiemment. Il est possible que cela vous ramène quelques recommandations. Dans ce domaine plus que dans tout autre, la qualité est éminemment plus importante que la quantité. Une recommandation appuyée du président de votre précédente entreprise mentionnant des résultats chiffrés au-delà de ses attentes initiales aura bien plus de poids que la somme combinée des recommandations provenant de vos anciens collègues de service avec lesquels vous avez probablement partagé des moments mémorables à la cafétéria, mais qui n'auront pas nécessairement l'autorité pour juger de la qualité de votre travail.

Une fois identifiées les personnes pouvant vous offrir une véritable influence, votre meilleure chance d'obtenir une bonne recommandation est, ici aussi, de personnaliser votre demande.

Votre démarche va probablement vous demander de contacter d'anciens supérieurs hiérarchiques avec lesquels vous n'avez pas été en relation depuis longtemps. Débutez donc en leur donnant une mise à jour d'où vous en êtes et pourquoi vous leur demandez une recommandation. Faites-leur savoir combien cela sera significatif pour vous. Il est toujours préférable de lister dans votre demande les réalisations majeures dont vous êtes fier.

En effet, beaucoup d'eau a pu passer sous les ponts, votre ex- N+1 a probablement géré une multitude d'autres ressources depuis ce doux temps ou vous étiez dans son service, et n'a peut-être pas la mémoire exacte de quand exactement vous vous êtes joint à l'entreprise, combien de temps vous y êtes resté et s'il se rappellera naturellement ce qui se dégage de votre personnalité, il pourrait être utile de faire mention de vos réalisations majeures en soulignant tout le plaisir et la satisfaction que vous avez eus. Sans ce léger fléchage, vous pourriez recevoir une recommandation très honorable mais ne soulignant pas particulièrement des éléments qui sont importants pour vous et pour vous objectifs du moment.

Après avoir reçu une recommandation, il est évidemment de bon ton d'envoyer une note de remerciement et de demander à votre contact de vous solliciter s'il pense que vous seriez en mesure de l'aider dans le présent ou dans l'avenir.

Avant de publier une recommandation sur votre profil, il est tout à fait acceptable de suggérer à l'auteur d'apporter des révisions ou des corrections. LinkedIn vous donne la possibilité d'examiner une recommandation et de la retourner à l'auteur pour lui demander de corriger une erreur ou d'ajouter des détails ou des mots-clés supplémentaires. En règle générale, la personne qui a rédigé une recommandation pour vous sera plus qu'heureuse de répondre à vos suggestions. Vous témoignez de l'importance que vous accordez à cette recommandation.

Solliciter une recommandation peut paraitre intimidant pour certains. Le meilleur décomplexant est de considérer la banalité de ce type de demande. Il s'agit d'une interaction totalement habituelle pour qui est présent sur LinkedIn, tant est si bien, comme vu plus tôt, qu'un profil n'est pas reconnu pleinement complété par LinkedIn tant qu'il ne bénéficie pas de trois recommandations.

Adhérer à des groupes

Les groupes LinkedIn vous permettent d'être connecté à un certain nombre de personnes qui partagent un intérêt commun avec vous. Le plus grand groupe LinkedIn « Social Media Marketing Group » compte plus de 1.9 million d'inscrits.

Si vous rejoignez ce groupe, vous pourrez directement envoyer un message ainsi qu'inviter toute personne appartenant à groupe, et ce sans nécessairement connaître son adresse courriel.

Souvent ignorés, les groupes LinkedIn sont un merveilleux outil pour interagir avec des personnes de votre secteur, de votre région ou de votre spécialité.

Appartenir à des groupes offre une multitude d'avantages :

- Être plus facilement présent dans les recherches
- Vous permettre de trouver d'autres personnes partageant vos intérêts
- Découvrir des clients ou des fournisseurs au travers des questions posées ou répondues
- Trouver des opportunités d'emploi, chaque groupe ayant un onglet pour les postes disponibles au sein des entreprises des membres
- Lire des articles d'actualités dans vos domaines d'intérêt
- Devenir un expert crédible en répondant aux questions du groupe et en y postant des articles d'intérêt

- Être informé des événements à venir
- Identifiez de nouvelles cibles pour votre réseau

Recherchez et rejoignez des groupes où vous vous connecterez avec votre public cible. Vérifier également les groupes auxquels vos connexions appartiennent est le meilleur moyen de commencer à trouver des groupes. Vous pouvez également effectuer une recherche dans l'annuaire des groupes à l'aide de mots-clés.

Avant de rejoindre un groupe, vérifiez le nombre de membres. Idéalement, vous rejoindrez un mélange de groupes, certains comptant des milliers de membres et d'autres plus petits. Les groupes ne comptant que quelques centaines de membres pourraient vous attirer plus d'attention si vous publiez quelque chose, car il n'y a pas autant de personnes qui publient. Notez qu'il y a des centaines de milliers de membres dans de nombreux groupes ! Si vous cherchez à élargir considérablement vos relations, vous voudrez peut-être rejoindre l'une d'entre elles et commencer à faire des invitations.

N'oubliez pas que ce n'est pas votre adhésion mais votre participation à un groupe qui vous fait remarquer. La participation active à un petit nombre de groupes est bien meilleure pour la santé de votre réseau que le manque de participation à un grand nombre de groupes.

Créer et animer un groupe

Sachez combattre le syndrome de l'imposteur, vous maitrisez nécessairement une niche d'expertise particulière. Créer un groupe LinkedIn n'exige pas de pouvoir et vouloir démontrer d'une reconnaissance internationale sur le sujet concerné, il s'agit davantage d'être en mesure de pouvoir animer des débats, offrir du contenu, suggérer, rebondir... En d'autres termes : laisser sa passion s'exprimer.

Vous vivez dans une région où il n'y a pas de groupe LinkedIn ? Créez-en un. Vous travaillez pour une entreprise qui n'a pas de groupe LinkedIn ? Créez-en un. Vous avez besoin d'aide pour une initiative événementielle ? Créez un groupe.

La timidité du débutant pourrait vous faire opter pour un premier groupe qui ne serait pas directement lié à votre activité ou à vos objectifs professionnels. Lorsque vous aurez ainsi pratiqué et vous sentirez prêt, vous pourrez alors créer un groupe professionnel. Il participera à la promotion de votre expertise dans le cadre de votre marque personnelle.

La création d'un groupe LinkedIn étendra votre réseau à des personnes avec lesquelles vous n'auriez peut-être jamais eu accès, et probablement jamais pensé. Au fur et à mesure qu'un groupe se développe, les contacts professionnels et les demandes de connexion augmentent pour son animateur, ce qui représente autant d'opportunités d'affaires potentielles à son endroit mais également pour l'entreprise qu'il ou elle représente.

De surcroit, en proposant régulièrement des publications innovantes, le fondateur du groupe se construit progressivement une position d'expert. Afin de ne pas concurrencer les « autorités » du domaine concerné, il est généralement préférable de partager un contenu en émettant une opinion personnelle, une confirmation, un doute, une expérience, permettant de ne pas instaurer une vue définitive sur un sujet mais plutôt d'offrir une expertise, ce qui contribuera également à un positionnement de leader d'opinion humble, adogmatique et argumenté.

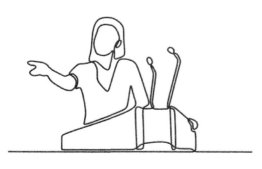

La création d'un groupe est d'une facilité déconcertante et ne vous demandera que quelques minutes pour ce qui est de la mécanique. Nous allons cependant passer en revue des éléments qui demandent un peu d'attention. Nous aborderons ensuite le véritable défi, celui qui donnera toute sa valeur à votre initiative : savoir promouvoir votre groupe, savoir y ajouter de la valeur, deux activités de longue haleine.

Une fois votre groupe créé, comme pour toute fusée vouée à de hautes altitudes, le décollage va nécessiter une quantité importante d'énergie avant d'atteindre une étape ou l'investissement pourra s'alléger quelque peu, l'objet céleste consommant moins de ressource au fur et à mesure pour poursuivre sa trajectoire. Une fois sur orbite, le maintien de votre groupe devrait s'intégrer parfaitement dans une routine matinale, accessible à un budget de quinze à vingt minutes quotidiennes. Il s'agira de publier des nouvelles ou des informations appropriées, d'initier des discussions, de répondre aux questions, de rebondir sur des arguments reçus en commentaires, de remercier...

Une première étape d'attention sur le parcours bien fléché de la création de votre groupe : son nom, son identité visuelle.

Marketing toujours, le nom est incontestablement l'élément initial le plus important et il conviendra d'avoir pris la peine d'analyser le paysage des groupes existants autour de votre sujet. Votre nom de groupe sera en effet votre premier argument pour attirer de nouveaux usagers. Vous devrez donc réfléchir à un nom de groupe offrant quatre caractéristiques essentielles : il doit être approprié à ce que votre groupe offrira, il doit être différencié et indiquer une proposition de valeur unique, il doit être accrocheur, il doit inclure les mots-clés qui seront recherchés par vos futurs adhérents. Ces mots-clés pourront apparaitre de manière harmonieuse dans la dénomination ou bien sous la forme de mots-clés. De manière générale, sans être racoleur, sans véhiculer de fausses promesses, le nom de votre groupe devra être percutant et associer clairement votre offre à son cœur de cible.

Votre visuel composé du logo et d'une image d'illustration sera le second objet en concurrence avec tous les autres groupes (potentiellement le premier pour les profils psychologiques plus visuels que sémantiques). Qu'on le veuille ou non, on se laisse parfois séduire initialement par l'effort marketing de la couverture d'un livre avant d'en découvrir le titre et le sujet. Il en va de même pour votre groupe LinkedIn. Assurez-vous donc que votre logo et votre illustration se démarquent positivement des autres. La section de ce livre consacrée aux techniques de conviction sera particulièrement pertinente pour la conception d'une identité visuelle, le chapitre consacré à l'interprétation des couleurs par le cerveau particulièrement.

Il existe de multiples logiciels gratuits qui vous permettront d'illustrer une idée percutante. L'usage d'un professionnel pourrait s'avérer utile au service de grandes ambitions. Finalement, si vous ne vous sentez pas talentueux dans la conception ou le choix d'un logo, n'hésitez pas à faire appel au précieux objet du tout ce chapitre : votre réseau.

Poursuivons l'analogie, le livre a capturé l'attention par sa couverture et son titre. Excluons le prix, la prochaine étape de validation consiste à lire le résumer en quatrième de couverture, le champ de description de votre groupe dans notre cas.

En effet, ce résumé a pour objet de valider l'intérêt de toute personne ayant fait la démarche de rechercher des groupes, et qui, exposée au votre, est désireuse d'en apprendre davantage. Tout indique que vous avez su faire bon usage de mots-clés, poursuivez ! En effet, les décrire en détail, en donner les contours, vous permettra non seulement de faire la démonstration que le spectre couvert est bien celui que votre titre laissait sous-entendre, mais l'usage répété de ces mots, par l'intermédiaire potentiellement de synonymes ou de vocabulaire spécialisé, vous permettra également un meilleur référencement de votre groupe. Vous avez utilisé « EEG » et « aviation » dans votre titre ? Il pourrait s'agir d'un accident et les moteurs de LinkedIn pourrait être timides à considérer qu'il s'agit du véritable objet de votre groupe. Après tout, il est peu commun de lier les deux sujets. Cela dit, si votre description de groupe poursuit avec les mots EEG, mesures physiologies, encéphalogramme, pilotage, pilote... le doute n'est plus permis, votre groupe s'adresse nécessairement à ces passionnés qui conjuguent les neurosciences et le facteur humain dans l'aéronautique.

Votre groupe étant créé, l'étape suivante naturelle sera d'y convier les membres de votre réseau pour lesquels il sera pertinent puis de débuter l'animation à la recherche des premières réactions sous la forme de commentaires et de partages à l'identique des autres réseaux sociaux.

Cette étape apparait souvent comme fastidieuse et décourageante face au manque d'engagement initial. Ne vous découragez pas, il faut du temps avant que les membres d'un nouveau groupe se sentent à l'aise à faire part de leurs avis, poster leurs articles, poser leurs questions. Continuez à poster des articles, des nouvelles, des photos ou vidéos, même sans réaction immédiate des premiers membres, les échanges viendront naturellement si le contenu produit est de bonne qualité.

Un réflexe visant à multiplier les publications pour stimuler un démarrage est généralement contre-productif. Un volume trop important de publications est le meilleur moyen pour faire fuir vos membres. Poursuivez plutôt en sélectionnant des informations réellement utiles diffusées à une cadence modérée d'une à deux publications par semaine.

Pour ce qui est du contenu à partager, il n'y a pas de formule magique, faites confiance à votre instinct. Tout ce qui a suscité votre intérêt a le potentiel de susciter celui d'une autre personne partageant vos passions. De la même façon, sachez varier les approches et catégories d'information : nouvelles lois, concurrences, rupture dans le marché, analyses, statistiques...

Vous effectuez probablement déjà, et parfois sans vous en rendre compte, une veille thématique sur vos sujets de prédilection. Partagez-là, faite part de vos découvertes. Veillez également à varier le format des contenus : des articles, des infographies, des présentations, des vidéos, un billet d'humeur, un avis, un SOS...

Finalement, sachez rendre vos publications attrayantes en les illustrant systématiquement d'une photo, le meilleur moyen pour stimuler la curiosité.

L'objectif affiché de votre groupe LinkedIn est de faciliter les échanges entre les membres, afin que chacun profite de l'expertise, de l'expérience et des informations de l'autre. Tous les membres ne sont cependant pas extravertis. Beaucoup resteront passifs car ne sachant qu'ajouter au partage. Vous devrez interpeller, stimuler les réactions. Il peut être intimidant de réagir à une publication d'étude scientifique qui offre une conclusion sans appel. Un post qui interroge sur un aspect particulier de l'article suscitera davantage le partage. Comme souvent, un appel à action (une question ouverte par exemple) demeure la meilleure phrase finale.

N'hésitez pas à offrir un point de vue engagé, vous saurez argumenter votre opinion et utiliser le vocabulaire et le subjonctif pour témoigner de prudence lorsque nécessaire. Si vous vous contentez de diffuser des informations déjà parues dans la presse, sans y ajouter votre touche personnelle, votre audience va rapidement vous considérer comme roi ou reine du copier-coller sans autre réelle valeur ajoutée que de sélectionner du contenu potentiellement intéressant.

Dans les phases initiales, la qualité des membres sera bien plus importante que la quantité. N'hésitez jamais à inviter d'autres experts au sein de votre groupe. Vous pourrez les identifier au travers de votre réseau et les inviter. Occasionnellement, ils pourront vous contredire, donnant lieu aux plus belles interactions pour votre auditoire tant que les discussions se déroulent dans le respect des opinions de chacun.

Finalement, stratégie souvent oubliée, n'hésitez pas à promouvoir votre groupe LinkedIn sur vos canaux habituels : infolettres, réseaux sociaux, site internet...

L'animation d'un groupe LinkedIn n'est pas un sprint mais une course de fond à intégrer dans une routine. Sachez doser l'énergie que vous y consacrez ainsi que miser sur le long terme. Vos initiatives participeront au faire-savoir de votre savoir-faire. Elles vous positionneront dans un rôle central vous permettant d'étendre lentement mais surement un réseau judicieusement aligné sur vos objectifs.

0 à 100 km/h en six semaines

Démarrer un profil LinkedIn ou reprendre en main un profil laissé en jachère peut paraitre être une tâche intimidante tant il y a à faire dans de multiples directions. Rien ne saurait décontenancer qui sait s'inscrire dans une action continue sur plusieurs semaines. Voici un guide visant à vous aider à prendre ou reprendre les choses en main progressivement. Si vous disposez déjà d'un profil, prenez le temps de repenser chaque étape.

Semaine 1

- Inscrivez-vous sur LinkedIn.
- Ajoutez vos emplois les plus récents dans la section *Expériences* de votre profil. Si vous avez un CV actuel, vous pouvez l'importer dans LinkedIn pour démarrer le processus de rédaction mais tentez de vous éloigner de ce format dans les sections rédactionnelles.
- Remplissez la section *Éducation* de votre profil.
- Invitez cinq professionnels de confiance dans votre réseau.
- Ajoutez une photo d'aspect professionnel à votre profil.

Semaine 2

- À l'aide d'un programme de traitement de texte, créez le texte de votre section *Résumé* de 2000 caractères. Vérifiez l'orthographe et publiez-le sur votre profil.
- Acceptez toutes les invitations qui répondent à vos critères d'acceptation.

- Invitez cinq autres professionnels de confiance dans votre réseau.
- Remplissez la section *Expérience* de votre profil.
- Mettez le site Web de votre entreprise sur votre profil et donnez-lui une description autre que le standard « *Mon entreprise* ».
- Prenez le temps de réfléchir à un titre marketing de 120 mots qui comprend les mots-clés importants pour votre marque.
- Rejoignez trois premiers groupes. Pensez aux groupes professionnels, aux associations d'anciens élèves, aux chambres de commerce...

Semaine 3

- Acceptez toutes les invitations qui répondent à vos critères d'acceptation.
- Consultez la section « *Personnes que vous connaissez peut-être* » et envoyez des invitations à toutes celles que vous connaissez et avez rencontrée récemment.
- Demandez une recommandation à un professionnel de confiance qui vous connaît suffisamment pour rédiger un témoignage détaillé et rempli de mots-clés à votre sujet.
- Écrivez une recommandation pour quelqu'un de votre réseau qui apprécierait votre initiative.
- Effectuez une recherche avancée de personnes en utilisant les mots-clés les plus importants pour votre entreprise ou votre secteur d'activité. Analysez les résultats et envoyez des invitations personnalisées à ceux qui répondent à vos critères.
- Rejoignez trois autres groupes.
- Publiez une première mise à jour de statut qui fait la démonstration de votre expertise.
- Ajouter votre URL LinkedIn à votre signature de courriel.

Semaine 4

- Acceptez toutes les invitations qui répondent à vos critères d'acceptation.
- Ajoutez deux éléments à votre section *Site Web*.

- Ajoutez tout travail bénévole important à votre section Expérience actuelle.
- Ajoutez des cours spécialisés ou des formations techniques dans l'industrie à votre section *Éducation*.
- Écrivez une recommandation pour quelqu'un de votre réseau.
- Rejoignez trois autres groupes.
- Effectuez une recherche avancée de personnes en utilisant les mots-clés les plus importants pour votre entreprise ou votre secteur d'activité. Analysez les résultats et envoyez des invitations personnalisées à ceux qui répondent à vos critères.
- Demandez une recommandation à un professionnel que vous connaissez et en qui vous avez confiance.
- Publiez une nouvelle mise à jour de statut qui fait la démonstration de votre expertise.

Semaine 5

- Acceptez toutes les invitations qui répondent à vos critères d'acceptation.
- Écrivez une recommandation pour quelqu'un de votre réseau.
- Rejoignez trois autres groupes.
- Effectuez une recherche avancée de personnes en utilisant les mots-clés les plus importants pour votre entreprise ou votre secteur d'activité. Analysez les résultats et envoyez des invitations personnalisées à ceux qui répondent à vos critères.
- Demandez une recommandation à un professionnel que vous connaissez et en qui vous avez confiance.
- Publiez une nouvelle mise à jour de statut qui fait la démonstration de votre expertise.
- À l'aide d'un programme de traitement de texte, rédigez le texte de votre section *Spécialités* de 500 caractères. Vérifiez l'orthographe et publiez-le sur votre profil.
- Importez vos contacts et connectez-vous avec vos collègues et camarades de classe.
- Commencez à répondre à des questions.

Semaine 6

- Acceptez toutes les invitations qui répondent à vos critères d'acceptation.
- Écrivez une recommandation pour quelqu'un de votre réseau.
- Rejoignez trois autres groupes.
- Effectuez une recherche avancée de personnes en utilisant les mots-clés les plus importants pour votre entreprise ou votre secteur d'activité. Analysez les résultats et envoyez des invitations personnalisées à ceux qui répondent à vos critères.
- Demandez une recommandation à un professionnel que vous connaissez et en qui vous avez confiance.
- Publiez une nouvelle mise à jour de statut qui fait la démonstration de votre expertise.
- Continuez à répondre à des questions.
- Commencez à interagir dans vos groupes et songez à créer votre propre groupe.

Maintenance

Comme évoqué plus haut, LinkedIn est l'un de ces objets fonctionnant à l'amour. Une fois la fusée lancée et votre compte mis sur orbite, le potentiel que vous allez en tirer est non seulement directement mais également proportionnellement lié à l'attention que vous saurez lui apporter au quotidien.

Voici ici une suggestion d'activités à intégrer à votre agenda visant à garantir la vitalité optimale de votre profil.

Tous les jours

- Consultez votre page principale, prenez connaissance des articles issus de membres de votre réseau, commentez, republiez, réagissez.
- Répondez à tous les messages de votre boîte de réception.
- Répondez à toutes les invitations à rejoindre les réseaux d'autres personnes.

- Consultez les suggestions de la section *Mon Réseau* à la recherche de nouveaux contacts, d'événements, ou de groupes pertinents que vous pourriez joindre.
- Vérifiez les discussions dans vos deux ou trois groupes les plus importants. Consultez également un autre groupe de moindre importance pris au hasard. Cela vous permettra de conserver un lien et d'interagir occasionnellement avec ce groupe, son sujet et le réseau associé.
- Prenez quelques instants de réflexion puis invitez des personnes que vous avez rencontrées la veille à rejoindre votre réseau.
- Publiez un lien vers un article utile, un article de blog ou un site Web dans votre zone de statut.
- Si vous animez un groupe, consultez-en l'activité et rebondissez sur les nouvelles interactions.

Une fois par semaine

- Consulter la section *Événements* pour voir si quelqu'un a publié une rencontre à laquelle vous devriez assister. Recherchez des événements dans votre région auxquels vous pourriez être intéressé à participer. Regardez les mises à jour que vos relations ont apportées à leur section *Recommandations*.
- Regardez les nouveaux groupes auxquels vos connexions se joignent.
- Consultez les mises à jour des profils des personnes les plus importantes de votre réseau. Passez en revue les nouvelles connexions de vos connexions de premier niveau.
- Regardez les réseaux complets de tout nouveau contact de premier niveau.
- Passez en revue les résultats de vos trois recherches enregistrées.
- Publiez des articles, des articles de blog ou des événements pertinents sur vos groupes les plus importants.

Une fois par mois

- Passez en revue votre profil pour d'éventuels ajouts ou modifications.
- Passez en revue votre liste de connexions de premier niveau et identifiez les personnes que vous devriez contacter dans un proche avenir.
- Envisagez de réviser l'une de vos trois recherches enregistrées pour une efficacité accrue.
- Parcourez votre liste de connexions et écrivez deux recommandations non sollicitées.
- Dressez une liste des personnes qui peuvent tirer un réel avantage d'être connectées les unes aux autres et organisez un déjeuner ou un petit-déjeuner pour les présenter.
- Passez en revue les profils individuels et d'entreprise de vos concurrents les plus proches.

CONVAINCRE

« La persuasion n'est pas une science, mais un art. »

William Bernbach

CE QUE VOUS ALLEZ APPRENDRE

- Déterminer les critères de pratiques éthiques
- Comprendre l'influence de notre cerveau reptilien
- Migrer d'un discours factuel à un discours d'émotions
- Préparer un jeu d'acteur convaincant
- Mieux intégrer la signification de certains éléments de notre langage corporel
- Capturer de l'information sur votre interlocuteur
- Tirer parti de la caractéristique grégaire du cerveau
- Prendre conscience de la puissance de certains mots
- Reformuler certaines idées dans une rhétorique plus puissante
- Créer des vulnérabilités contrôlées pour se rapprocher
- Utiliser les couleurs selon le sentiment général que vous souhaitez véhiculer
- Positionner subtilement des attentes grâce aux ancrages de perception
- Identifier et utiliser la dissonance cognitive
- S'appuyer sur la force des similarités
- Créer et entretenir un sentiment d'urgence lorsque nécessaire
- Reformuler vos questions afin d'éviter les blocages
- Maitriser un ensemble de formules hypnotiques

LE SUJET

Qu'évoque pour vous le mot « conviction » ? Certains penseront aux messages publicitaires qui nous incitent à acheter un produit plus qu'un autre, d'autres à un candidat politique essayant de rameuter les indécis à sa cause…

Dans notre ère de communication, elle applique une influence croissante sur nos sociétés au point de devenir une des composantes majeures de la vie quotidienne. Votre univers professionnel, la politique, les affaires juridiques, les médias, la publicité, et tant d'autres sphères sont tous autant de royaumes pour la conviction.

La chose n'est cependant pas nouvelle, les humains étudient l'art de l'influence et de la conviction depuis des milliers d'années. Des philosophes antiques comme Platon, Aristote et Cicéron aux leaders d'opinion d'aujourd'hui, tels que Carnegie, Cialdini et Shapiro, ont dédié une partie de leur vie à l'étude de l'influence.

Bien qu'il y ait encore beaucoup que nous ignorons sur ses rouages et mécanismes inconscients, il existe une mine de connaissances sur le pouvoir et le processus d'influence et de persuasion issue des philosophes, des psychologues, des économistes, de la médecine, la sociologie et d'autres domaines, tous désireux de mieux comprendre la logique intrinsèque du pourquoi « les gens font ce qu'ils font ».

Pour vous inspirer et améliorer vos aptitudes en matière de conviction, nous avons rassemblé quelques connaissances et techniques. Nous résumerons les recherches les plus pertinentes et les plus soutenues puis les convertirons en un processus pratique, en des outils, des habitudes.

La première partie de sera sobrement théorique, consacrée à une introspection sur qui ce qui a forgé nos psychologies si complexes, et sur les forces qui participent aux processus de choix, et plus généralement à la communication influente.

La seconde partie portera sur le casting du meilleur acteur dans un rôle de conviction. Nous analyserons et apprendrons son jeu.

Finalement, la troisième partie mettra à votre disposition une palette d'outils pour prendre connaissance et corriger des facteurs qui vous pénalisent, puis vous permettra de découvrir et d'acquérir de nouveaux et puissants instruments de conviction.

Les techniques et connaissances présentées seront suffisamment génériques pour être applicables dans les multiples situations de votre vie professionnelle où votre influence est déterminante : vendre un produit ou un service, négocier un contrat ou un prix, motiver un partenaire, influencer efficacement et respectueusement un interlocuteur ou toute une équipe lorsque face à un choix…

Ces techniques seront également applicables dans votre vie personnelle, tant auprès d'inconnus qu'avec des personnes qui vous sont proches. Pratiquer initialement avec votre entourage immédiat vous offrira un avantage non négligeable : vous pourrez exposer les techniques déployées à postériori, puis analyser ensemble l'influence consciente ou inconsciente de votre approche.

L'ART DE CONVAINCRE

Éthique de l'influence

Il va s'agir d'améliorer votre capacité à influencer, persuader, convaincre les autres. La fin justifie-t-elle les moyens ?

Cette compétence est assujettie à une responsabilité, celle de n'utiliser les techniques qui seront abordées ici qu'avec des intentions positives, de manière véridique, et dans le respect de toutes les autres parties impliquées. Il s'agit là d'une composante éthique à laquelle vous devrez réfléchir en lisant ce livre, ainsi qu'au fur et à mesure de la présentation d'opportunités de pratique.

Les « cinq principes éthiques de la psychologie » sont une méthode simple que vous pouvez utiliser pour déterminer l'utilisation éthique des concepts que nous allons aborder :

1 - Bienfaisance : abordez l'influence et la conviction avec l'intention de profiter aux autres et de ne pas nuire. Pour ce faire, vous devez être attentif aux désirs et aux besoins des autres et les équilibrer avec vos propres motivations et votre intérêt personnel.

2 - Responsabilité : votre obligation d'être loyal et fidèle et de faire ce que vous dites. Vous devez respecter votre part de tout accord et endosser votre propre responsabilité pour les résultats obtenus.

3 - Intégrité : votre engagement à utiliser l'exactitude, l'honnêteté et la véracité dans vos arguments. Vous ne devez pas mentir, frauder ou tromper pour susciter des intérêts égoïstes, et vous devez vous efforcer de corriger toute idée fausse qui conduit inévitablement à la méfiance.

4 - Justice : le sens de l'équité doit guider votre recherche du résultat escompté. Dans vos tentatives d'influencer et de convaincre, vous devrez rechercher les conclusions à la satisfaction de tous, et où il n'y a pas de perdant.

5 - Respect : chacun a le droit à la vie privée, à la confidentialité et à l'autodétermination. Convaincre n'est ni manipuler, ni forcer.

Dans chaque situation évoquée, pour chaque outil exposé, nous ne dirons pas où tracer la ligne morale. Votre éthique personnelle conjuguée à votre conscience permanente de vos intentions réelles permettront de maintenir les connaissances, les outils et les tactiques de ce livre à des fins respectueuses.

Oubliez les faits

Voici ce que l'on vous a toujours enseigné comme étant le processus décisionnel à suivre en toute circonstance : rassembler tous les faits, tous les chiffres, toutes les données, les analyser sans passion, à la froide lumière de la raison objective. Nous avons appris que l'émotion enveloppe la raison, brouille la pensée et conduit à des décisions impulsives et illogiques.

Nous allons rouler à contresens sur cette autoroute de pensée. Il se pourrait que vous ayez la tête qui tourne un peu.

Les neurosciences ont montré que c'est l'émotion et non les faits qui détermine chacune des décisions que nous prenons, et c'est parfait ainsi. Depuis la nuit des temps, l'émotion a guidé l'instinct pour nous faire savoir, en une nanoseconde, ce qui est sûr, ce qui ne l'est pas et ce qui compte pour nous, et ce faisant, elle a assuré la survie de notre espèce.

L'annonce est donc brutale : pour convaincre, les faits importent vaguement, l'efficacité de votre stratégie dépendra surtout des connexions émotionnelles que vous pourrez établir.

Pire, nous, pauvres humains, souffrons tous d'un biais de confirmation : nous avons tendance à ne rechercher que des informations qui confirment nos opinions. Nous sélectionnons donc uniquement les faits qui soutiennent notre point de vue.

Et finalement, pour achever de nous accabler, au-delà du biais de confirmation, non seulement nos opinions sont résistantes au changement, mais nous rejetons, souvent inconsciemment, les faits qui contredisent nos opinions préexistantes.

Les faits sont cependant réconfortants parce qu'ils semblent solides, sans émotion, impartiaux, parfaitement logiques, la définition même de quelque chose sur quoi on peut s'appuyer. Comme vous l'avez compris, ils ne nous seront cependant que d'une aide marginale dans une stratégie visant à convaincre.

Pour les plus sceptiques, laissez-moi vous rappeler que de très nombreux faits nous indiquent que l'atmosphère terrestre se réchauffe dangereusement. Pour autant, avons-nous une réaction rationnelle basée sur ces faits ou bien un comportement davantage dicté par nos émotions ?

Le tabagisme demeure la première cause de cancer. Les personnes concernées analysent-elles les choses et prennent-elles des décisions basées sur les faits ? ou bien sont-elles victimes de leurs émotions ?

Nous sommes ainsi faits, l'émotion vient en premier, la pensée en second. C'est ainsi que nous avons survécu à l'époque où il n'y avait pas grand-chose à penser et très peu de marge d'erreur pour demeurer en vie.

Ne soyez donc pas surpris que les techniques visant à être convaincant (y compris celles que nous allons étudier) ne fassent que rarement intervenir les faits.

À nouveau, la décision et le choix ne sont que rarement des processus rationnels. Nous allons à présent comprendre pourquoi. Un petit retour en arrière de 400 millions d'années s'impose.

Le cerveau reptilien, le mésencéphale, le néocortex

Selon Gerald Zaltman, professeur de marketing à Harvard, 95% de nos pensées, émotions et apprentissages se produisent sans que nous en soyons conscients. D'autres chercheurs annoncent des chiffres au-delà de 99%. Globalement, tous les spécialistes en neurosciences s'accordent à dire qu'en matière de décision, la majorité des mécanismes intervient sous la surface de la conscience.

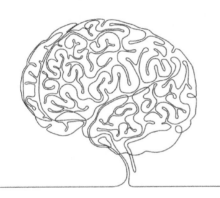

Les processus cognitifs rationnels et conscients exercent en effet une faible influence sur la prise de décision humaine. Pourtant, nous concentrons souvent la plupart de notre message sur cette tranche étroite de la pensée de nos interlocuteurs, tout en ignorant la vaste part du subconscient émotionnelle et non verbale de l'activité cérébrale.

Pour comprendre les mécanismes conscients et inconscients, un bref résumé de l'histoire du développement cérébral est nécessaire.

De récentes découvertes en neurosciences montrent que le cerveau humain s'est développé en trois étapes distinctes. Notre tout premier cerveau, le cerveau ancestral, aussi appelé cerveau reptilien, est responsable du filtrage initial de tous les messages entrants, il génère la plupart des réponses de combat, de fuite ou de survie, et il produit également les émotions les plus basiques et les plus fortes. Lorsqu'il s'agit de prendre des décisions non liées à la survie, le pouvoir de raisonnement du cerveau reptilien est très limité.

Est ensuite apparu le mésencéphale. Il détermine le sens des choses et des situations sociales. Et enfin, le néocortex s'est développé, nous apportant notre capacité de résolution de problèmes en utilisant la raison.

Nos trois cerveaux travaillent indépendamment et en séquence. Prenons un exemple : vous êtes dans la rue, votre quiétude est troublée par un cri.

Votre cerveau reptilien capte ce stimulus auditif anormal. Son analyse est à la fois très rapide et très limitée : le bruit est fort, inhabituel, il pourrait s'agir d'une situation dangereuse. Votre cerveau reptilien déclenche alors un sentiment de surprise, il commande immédiatement à vos yeux de se diriger vers la source du bruit, il augmente vos pulsations cardiaques et libère de l'adrénaline au cas où la situation s'avèrerait effectivement périlleuse.

Votre mésencéphale tente de donner un sens à la situation en identifiant la personne qui crie, et en la replaçant dans un contexte social : c'est un ancien collègue de travail, il est de l'autre côté de la rue, il vous regarde, sa main est levée.

Finalement votre néocortex résout le problème qui lui est posé : l'interpellation est surprenante mais ne pose aucun danger, il s'agit d'un ancien collègue qui vous a vu, vous fait un signe et vous interpelle. Il a voulu attirer votre attention et va probablement venir vous saluer. Aucun autre risque que de se retrouver autour d'une bière.

Toutes nos interactions et toutes les informations suivent ce schéma : notre cerveau reptilien, puis notre mésencéphale, et finalement notre néocortex.

Lorsque nous tentons de convaincre, notre instinct nous conduit à développer des idées, des arguments, de la logique imparable, des conclusions, bref nous opérons une communication du néocortex de l'émetteur au néocortex du récepteur.

C'est sans considérer qu'avant de se rendre au néocortex, notre message doit passer les filtres du cerveau reptilien et ceux du mésencéphale de notre interlocuteur.

Nous avons survécu pendant des millions d'années en considérant tout élément de l'univers comme potentiellement dangereux. Et parce que très peu de situations auxquelles nous avons été confrontées à l'époque étaient sûres, nous avons appris à pécher par excès de prudence. Ces mécanismes sont toujours présents, inconsciemment, chaque fois que nous rencontrons quelque chose de nouveau.

Pourtant, nous considérons souvent que la première mission de tout argument que nous développons pour convaincre est d'être sensée pour notre interlocuteur. L'argument est nécessairement une chose nouvelle pour notre interlocuteur. La véritable première mission est de permettre à l'idée de rejoindre son néocortex.

L'écart entre le cerveau inférieur et supérieur ne se mesure pas dans les quelques centimètres qui les séparent physiquement. Il doit être mesuré en millions d'années. Pendant que vous parlez de « retour sur investissement », le cerveau de votre interlocuteur pourrait ne réagir à aucun de ces éléments hautement évolués car perturbé dans ses couches inférieures par un élément de votre comportement, un mot mal inspiré qui a généré une inquiétude, le ton de votre voix qui trahit quelque chose de faux, la couleur de votre cravate ou celle de votre vernis à ongle…

Vouloir s'adresser trop vite au néocortex est une erreur que nous faisons tous lorsque nous voulons convaincre. Tout l'enjeu pour accrocher nos interlocuteurs est donc de ne pas se heurter au cerveau reptilien, qui renverra objection sur objection, des réactions et comportements inadaptés et un manque évident d'intérêt. Ce sera l'objet de la prochaine section consacrée à tous les éléments de communication, conscients et inconscients, qui émanent de nous. Nous oublierons le sens des mots (notre cerveau reptilien ne comprend pas le langage articulé) pour nous consacrer exclusivement à la forme.

Nous aurons alors ouvert la voie vers le néocortex de votre interlocuteur. Nous pourrons alors nous attarder sur des techniques s'adressant principalement au mésencéphale, et y livrer un discours intellectuellement architecturé, rationnel et convaincant.

UNE PIÈCE DE THÉÂTRE

Le langage corporel

De nouveau, nous nous apprêtons à monter sur les planches et à jouer une pièce de théâtre. L'auditoire sera convaincu par la combinaison d'un texte sur mesure et d'un jeu d'acteur imparable. Parmi la multitude d'éléments constitutifs du langage corporel, nous allons passer en revue ceux particulièrement identifiés comme pouvant venir en soutien à une stratégie de persuasion.

Non seulement votre langage corporel est un élément de langage puissant influençant considérablement la façon dont les autres vous perçoivent, mais il peut également affecter directement votre attitude, votre fonctionnement interne. Si vous offrez une posture les bras fermement croisés, beaucoup pourraient ne pas s'ouvrir ou vous parler parce qu'ils supposent que vous n'avez aucun intérêt pour la conversation. Dans une telle posture, vous serez également incité à vous exprimer de façon plus négative.

Il peut être difficile de prendre conscience de vos attitudes physiques et de vos mouvements corporels, mais une fois que vous le faites, vous disposez d'une nouvelle gamme d'outils dans l'arsenal nécessaire à la conviction.

La posture

Comme nous venons de le voir, des bras croisés véhiculent systématiquement la fermeture de l'esprit. De surcroit, ne pas montrer la paume de ses mains amène le message inconscient que vous avez quelque chose à cacher. Ce peut être une tactique consciente de négociation, réservée aux moments où vous tentez un passage en force ou bien tenez absolument à diffuser un fort message d'absence de compromis possible.

Quelqu'un qui commence à ouvrir les bras quand il parle fera savoir aux autres qu'il offre une large ouverture d'esprit, qu'il est confiant et disposé à parler de toute chose.

Pour ce qui est de la posture générale, se tenir debout ou s'asseoir droit montre la confiance en soi, l'assurance et l'équilibre tandis que s'affaisser transmet l'anxiété, l'insécurité ou l'ennui.

Dans de rares cas, s'abaisser légèrement peut être un message conscient de soumission. C'est une pratique que l'on trouve étrangement chez les grands chefs d'entreprise lorsqu'ils rencontrent un inconnu. Se déguiser sous des traits totalement inoffensifs n'est-elle pas la plus belle stratégie lorsque l'on est un vrai loup ?

Un signal de langage corporel courant est de se tenir les mains sur les hanches. Cela maximise votre taille pour vous faire paraître plus grand, une pose souvent considérée comme un signal de domination ou d'agression.

Se tenir les mains derrière le dos peut prendre plusieurs significations mais véhicule souvent un message de pouvoir ou de contrôle.

Les gestes

Les gestes, ou mouvements des mains ou de la tête, sont parmi les formes les plus évidentes et les plus directes de communication non verbale, et ils sont à ce titre instantanément efficaces.

Les meilleurs communicants font plus de gestes que la population moyenne. Cela dit, leurs gestes sont plus petits. Dans l'exercice d'augmenter le nombre et de réduire l'intensité, ne vous rendez jamais à faire de demi-gestes. Tous vos gestes doivent être pleinement assumés.

Comme déjà évoqué, les mains ou les paumes ouvertes véhiculent l'honnêteté et l'ouverture. Se frotter les mains est vu comme un signe d'excitation si l'action n'est pas trop prolongée car elle déclenche rapidement la méfiance face à un sentiment de confiance trop présent. Se tordre les mains montre de l'insécurité, la nervosité ou le stress.

Toucher le visage, en particulier à plusieurs reprises, signifie généralement de la nervosité ou de l'insécurité. Cependant, toucher l'oreille, les yeux, le nez ou la bouche peut signifier des sentiments différents. Par exemple, tirer sur l'oreille signifie généralement de l'indécision, une attitude évasive ou vous n'avez pas encore pris de décision. Le frottement des yeux peut signifier l'incrédulité ou le doute, alors que se frotter ou toucher le nez est souvent perçu comme un signal de malhonnêteté.

Ne négligez pas le contact physique très occasionnel et peu prononcé. Les études montrent qu'une requête accompagnée d'un contact physique envers la personne à qui vous faites votre demande a plus de chance de succès. Le toucher, bien utilisé, crée une grande perception de sympathie. Encore une fois, point trop n'en faut : une simple pression sur le bras ou sur l'épaule suffit.

Les expressions faciales

Vos expressions faciales sont une partie importante de votre communication non verbale. Avec 43 muscles et la capacité de façonner plus de dix mille expressions faciales, il n'est pas étonnant qu'elles aient la capacité de révéler autant de choses sur nous.

Cependant, contrairement à ce que nous avons vu jusqu'à présent, nous disposons de beaucoup moins de contrôle sur ce vocabulaire du visage.

Passer en revue les expressions faciales serait le sujet d'un autre livre. Faites l'effort d'être conscient de ces expressions lors de vos prochaines discussions professionnelles ou en famille. Les lister est un bon exercice, vous permettant de mieux les comprendre et de tenter d'en contrôler certaines.

Le regard

Il s'agit d'un sujet que nous avons déjà couvert dans la section dédiée au réseautage, tous les conseils qui y sont présentés sont applicables dans une stratégie de persuasion.

Assurez-vous de maintenir un contact visuel environ 50 % du temps lorsque vous parlez et 70 % du temps lorsque vous écoutez. Pour ce faire, vous devez établir un contact visuel pendant quatre à cinq secondes, puis détourner le regard pendant quelques secondes avant de retourner votre regard pour établir à nouveau un contact visuel. Ces ratios semblent être optimaux, car ils équilibrent l'intérêt porté à l'autre, ce qui nécessite un contact visuel, et l'absence d'agressivité que peut parfois véhiculer un regard trop insistant.

Le sourire

De la même façon, le sourire a été couvert dans la section réservée au réseautage.

Nous ajouterons que même si marginal, une des fonctions du sourire est la domination. Ces sourires servent à maintenir l'ordre social, transmettant le pouvoir et le contrôle. Ils ressemblent davantage à des sourires narquois et sont souvent déséquilibrés, où un seul côté de la bouche se recroqueville. Ils sont souvent associés à des émotions telles que l'arrogance, la supériorité, la dérision et le mépris. À ne pratiquer qu'en pleine conscience et à dessein.

Les différences culturelles

Les éléments de langage corporel sont souvent universels. Cela dit, il existe de nombreuses exceptions. Certains aspects de ce langage ont des significations différentes selon la géographie ou la culture de votre interlocuteur.

Bien que la plupart des cultures du monde reconnaissent la poignée de main comme un signe de salutation, il existe de nombreuses façons de serrer la main et des différences culturelles que vous devez connaître. Par exemple, dans certains pays, comme aux États-Unis, au Canada et au Brésil, une poignée de main ferme est considérée comme la norme. Cependant, dans la plupart des pays d'Europe, d'Asie et d'autres régions du monde, une poignée de main légère et lâche est considérée comme plus appropriée. En Turquie, une poignée de main ferme peut être considérée comme impolie.

Il existe également des différences culturelles quant à savoir qui doit serrer la main. Par exemple, en Russie, au Maroc et dans de nombreux pays islamiques, serrer la main d'une personne du sexe opposé est inapproprié. En Australie et dans d'autres cultures, les femmes ne serrent généralement pas la main d'autres femmes.

Autre exemple, aux États-Unis et dans certaines parties de l'Europe, tourner la paume des mains vers le haut et courber l'index est généralement interprété comme un geste invitant quelqu'un à s'approcher. Dans d'autres parties du monde, comme l'Asie et l'Océanie, cela est considéré comme impoli et peut vous faire arrêter aux Philippines.

Dans de nombreuses cultures, offrir un pouce levé est un signe d'approbation ou de travail bien fait. Cependant, en Grèce, au Moyen-Orient et dans certaines régions d'Afrique, un pouce levé équivaut à donner le majeur dans la culture nord-américaine et européenne.

Même hocher la tête est un signal de langage corporel qui peut semer la confusion entre les cultures. Bien que hocher la tête de haut en bas signifie « oui » dans la plupart des pays du monde, en Bulgarie, en Grèce, en Turquie et dans d'autres parties de l'Europe de l'Est, hocher la tête de haut en bas signifie « non ».

Cette liste est loin d'être exhaustive. Lorsque vous parlez à des personnes d'origines culturelles différentes, il est particulièrement important d'intégrer qu'il existe de nombreuses façons dont le langage corporel diffère d'une culture à une autre. De ce fait, dans le doute, et dans la mesure du possible, abstenez-vous de trop user de vocabulaire corporel qui pourrait ne pas être universel.

La voix

Dans mon activité de coach pour entrepreneur, je passe ma vie à suggérer de parler moins vite lors des présentations, et dans bien des cas « beaucoup » moins vite. L'empressement devient souvent naturel lorsque l'on présente une idée et traduit alors un défaut de maitrise.

Cela dit, dans le cadre d'une stratégie visant à persuader, un débit verbal légèrement accéléré est constaté chez les orateurs les plus convaincants. Il véhicule alors une attitude enthousiaste. Vous pouvez donc augmenter légèrement votre cadence naturelle. Attention cependant à ne pas varier la hauteur de votre voix.

Abaissez la hauteur de sa voix avec une tonalité plus grave au bon moment est une technique très efficace lorsque vous désirez communiquer l'autorité et la confiance. Vous serez alors perçu comme à la fois plus crédible et plus puissant.

Héritage de la nos origines animales resté présent dans notre cerveau reptilien, une voix grave est associée à une puissance de reproducteur, comme le brame du cerf.

La preuve en exemple avec une expérience menée par Casey Klofstad, de l'Université de Miami, qui a demandé à des sujets d'enregistrer la phrase « Je vous invite à voter pour moi en novembre », avant de manipuler les enregistrements pour rendre leurs voix plus aiguës ou plus graves. D'autres participants les ont ensuite écoutés, puis se sont prononcés sur leur intention de vote. Quand la voix avait été rendue plus grave, le ou la pseudocandidat(e) était jugé(e) plus fort(e) et plus compétent(e) et, par conséquent, récoltait davantage d'intentions de vote.

LA TECHNIQUE

Connaitre son public

Construire une stratégie de persuasion ne consiste pas uniquement à déterminer ce que vous voulez, ce que vous avez à offrir, et comment vous allez architecturer un argumentaire imparable pour remporter une décision, un accord, un achat... Il ne s'agirait dans ce cas que de manier une logique argumentative, la vôtre, applicable sur tout public, sans prendre en considération la diversité de la psychologie humaine.

Votre logique importe peu, celle de l'autre partie doit être au centre de votre stratégie. Considérez que votre interlocuteur suivra nécessairement votre raisonnement est d'une prétention coupable. Votre interlocuteur suivra *son* raisonnement, en toute circonstance. Il sera attaché à *ses* préférences de communication, *ses* formats.

Une partie de votre travail préparatoire consiste à déterminer comment votre interlocuteur préfère obtenir des informations. Certaines personnes veulent tous les détails, d'autres préfèrent des ébauches. Évidemment, nous nous adaptons instinctivement aux personnes qui nous sont très proches, mais nous oublions parfois d'analyser le schéma mental de ceux que nous croisons plus occasionnellement.

Réfléchissez ensuite à la façon dont cette personne s'exprime et expose son point de vue. Sur quoi a-t-elle basé ses décisions passées, sur de l'instinct ? Sur des données probantes ? A-t-elle consulté des experts ? A-t-elle été séduite par des stratégies à long terme ou davantage par de l'action à court terme ? A-t-elle décidé froidement, excluant toute considération humaine ou s'est-elle laissé influencée par ses sentiments plus que par la rationalité mathématique ?

N'oubliez pas d'intégrer les possibles différences culturelles à votre réflexion. Vous seriez bien mal inspiré d'user de formules directes, y compris pour demander l'opinion de votre interlocuteur si celui-ci est de culture japonaise. Dans d'autres pays, l'articulation se doit au contraire d'être particulièrement personnelle et directe pour ne pas être considérée comme fuyante.

Quels que soient votre discours et le chemin argumentatif que vous dessinez, vous devez préalablement le projeter et le tester dans le logiciel mental de votre interlocuteur. Cet exercice demande de l'humilité car nous avons une tendance naturelle à rejeter les modes de pensées différents.

Les personnes les plus convaincantes disposent de ce don particulier de savoir dérouler le mode de pensée de leurs interlocuteurs. Elles acceptent de livrer du fond ou de la forme qui n'a pas particulièrement de sens pour elles-mêmes, mais qui en ont pour les tiers. Cette intelligence empathique, cette capacité de s'identifier à autrui dans ce qu'il ressent, peut être développée pour ceux pour qui elle n'est pas innée.

Lorsque vous préparez une argumentation, ne vous demandez plus jamais si votre approche est logique, demandez-vous dorénavant systématiquement si elle suit la logique de la personne à qui vous allez la présenter.

Utiliser un ennemi commun

Convaincre commence toujours par établir un climat de confiance. Une technique rapide et efficace pour mettre en place ce terrain favorable consiste à trouver un ennemi commun.

Vous vous rappelez surement des premières publicités pour Apple, ou à défaut des plus récentes pour les plus jeunes. La célèbre publicité « 1984 » opposait une jeune femme solitaire, séduisante et athlétique à des armées de cerveaux soumis par un contrôle totalitaire. Avec ce spot diffusé lors du super bowl, Apple s'empare des angoisses des consommateurs et désigne l'ennemi commun de l'époque : IBM.

Cette publicité va marquer l'histoire et sera qualifiée, selon la presse spécialisée, de meilleure publicité de tous les temps. Ce coup d'éclat est l'un des éléments fondateurs de l'identité d'Apple. Plus tard, l'ennemi affiché sera Microsoft représenté, ridiculisé dans une série de publicités s'étalant sur plusieurs années.

Elles ont participé non seulement à la création d'une marque identitaire mais également à ce que certains considèrent comme une véritable religion. Le succès phénoménal de cette tactique de persuasion tient à une particularité de nos cerveaux programmés pour accorder une grande importance à l'appartenance à un groupe.

Ce processus psychologique, la théorie de l'identité sociale, et sa capacité de persuasion ont été mis en évidence dans les années 1970 par Henri Tajfel, un psychologue connu pour ses travaux pionniers sur l'aspect cognitif des préjugés.

Tajfel a testé des sujets en leur faisant effectuer une tâche relativement insignifiante, comme choisir entre deux peintres dont on présentait des tableaux ou deviner un certain nombre de points affichés sur un écran. Ensuite, il a assigné chaque sujet à un groupe, apparemment en fonction de leur réponse. Lorsqu'on a demandé aux groupes de distribuer de vraies récompenses, ils sont devenus fidèles à leur propre groupe et ont été avares avec l'autre groupe. De nombreuses variantes de cette expérience ont été réalisées par la suite, et elles ont montré que les personnes peuvent développer une fidélité au groupe très rapidement, même en l'absence de réelles différences. Les sujets se sont même investis émotionnellement dans leurs groupes dénués de sens, acclamant les récompenses de leur propre groupe et se moquant de l'autre groupe.

Il n'est pas nécessairement facile de trouver cet ennemi commun qui créera un lien fort, que votre interlocuteur aimera détester avec vous et qui vous permettra d'instaurer une relation privilégiée. Nul besoin cependant d'avoir recours à l'hypocrisie. Ouvrez l'horizon, ne privilégiez pas une personne en particulier, étudiez le profil psychologique de votre interlocuteur, renseignez-vous, et vous devriez découvrir son système de valeur. Celui-ci recouvrira nécessairement partiellement le vôtre. Votre ennemi commun est-il l'immobiliste ? L'action irréfléchie ? Une solution sur laquelle vous partagez un avis ou avez eu une expérience défavorable ? Un concurrent dont l'éthique est discutable ? Un autre département de l'entreprise dont la motivation est trop financière et pas suffisamment humaine ?

Une fois cet ennemi identifié, il vous faudra mettre en place et en évidence votre appartenance à ce groupe. Nul besoin de discréditer ou dénigrer l'ennemi, il sera plus efficace de bien mettre en évidence les raisons qui en font un ennemi commun ainsi que les solutions qui peuvent permettre de le combattre, dont celle que vous proposez et sur laquelle vous voulez convaincre.

C'est ce qui fait la difficulté de l'exercice, il ne suffit pas de trouver l'ennemi commun qui initiera un simple rapprochement mais d'identifier celui que votre proposition, votre produit, vos services, votre idée aidera à combattre. Présenté sous l'angle de l'opposition à un ennemi, votre proposition bénéficiera de la puissance de l'identité sociale.

En complément, une autre technique de persuasion peut venir renforcer davantage votre position identitaire : la technique de l'assimilation.

Elle consiste à faire entrer sur scène un nouveau personnage, un témoin. D'une façon surprenante, il offrira toutes les caractéristiques du parfait représentant du groupe « ami ». Idéalement, identifiez une personne que votre interlocuteur connait, ou dont il a déjà entendu parler. N'hésitez pas à mentionner tous les points communs partagés entre cette personne et votre interlocuteur.

Évidemment, ce témoin sera déjà un partisan de la proposition que vous mettez en avant. Vous renforcez ainsi une vision grégaire de notre société et faites à nouveau appel à cet instinct enfoui d'appartenance à un groupe et son corolaire, celui de ne pas en être exclus.

À vous de raconter une belle histoire, idéalement sous la forme d'une anecdote pertinente, probablement la meilleure méthode pour introduire votre témoin. La nature humaine adore les histoires. Lorsque bien amené, votre interlocuteur se mettra instinctivement en scène et se visualisera dans le scénario que vous déroulerez. C'est la raison même pourquoi les gens rient et pleurent en regardant un très bon film. Ils se placent dans la situation et s'identifient à un personnage. Hollywood est une usine à convaincre. Action !

Gratuit, nouveau, deux mots magiques

Commençons par la magie de « gratuit ». Si la puissance du mot ne doit pas vous surprendre dans la vie courante, une expérience du chercheur en économie comportementale Dan Ariely devrait vous convaincre de son usage dans une stratégie de conviction.

Il offrit à un large panel le choix entre deux truffes au chocolat : l'une d'une marque connue mais grand public, à un prix proche de zéro (disons 1 centime) et l'autre d'une marque reconnue pour ses produits délicats et haut de gamme pour un prix relativement faible par rapport à la valeur marchande réelle (disons 15 centimes). Trois sujets sur quatre choisirent la truffe haut de gamme à 15 centimes. Il réduisit le prix de ses deux offres de 1 centime. Le premier choix devenait ainsi gratuit et le second coûtait 14 centimes. Bien que la différence de prix soit restée la même, le comportement des sujets a radicalement changé, plus des deux tiers préférant le chocolat gratuit à celui à prix cassé.

Certes, on peut penser que l'offre était déséquilibrée, un produit offrait la commodité de ne pas payer, l'autre nécessitait de chercher de la monnaie. Il reproduisit l'expérience dans une cafétéria où le coût du chocolat pouvait être facilement ajouté à l'achat total. Même avec

l'élimination des inconvénients du paiement, le choix du produit gratuit restait écrasant.

D'un point de vue psychologie, cet exemple représente parfaitement l'aversion de notre cerveau pour la perte d'une option qui ne comporte aucun risque et ne représente aucun effort. Sachez tirer profit de cette caractéristique à votre avantage la prochaine fois que vous offrez plusieurs alternatives à votre interlocuteur.

Vous ne serez pas nécessairement en mesure de rendre gratuit un des choix, mais peut-être pouvez-vous insister sur le coût, pas nécessairement financier, des choix que vous ne souhaiteriez pas voir privilégié. Si vous savez articuler l'absence de risque d'une solution et l'absence d'effort pour votre interlocuteur, vous créez ce sentiment de perte que notre cerveau déteste tant.

Le second mot abracadabrantesque : « nouveau ». La nouveauté active le centre de récompense de notre cerveau, ce qui a peut-être été un avantage évolutif pour nos ancêtres lorsqu'ils ont rencontré  de nouvelles sources de nourriture ou d'autres éléments de survie. Aujourd'hui, notre évolution darwinienne se poursuit par la recherche de nouveauté. Les études scientifiques ont montré qu'elle allume une zone primitive de notre cerveau et participe au processus de récompense en libérant de la dopamine. La nouveauté rend heureux, agissant comme une drogue. Il n'y a qu'à constater les files d'attente devant le grand dealer Apple à la sortie d'un tout nouveau produit pour s'en convaincre.

Rendez un produit « nouveau » ou une de vos propositions « innovante » d'une manière ou d'une autre, et votre produit ou votre proposition bénéficiera d'un attrait particulier par rapport aux alternatives. Vous pourriez, à contrario, faire remarquer que les autres produits ou solutions sont d'une convention déconcertante et inviter à la conclusion que l'on ne peut rien attendre de révolutionnaire avec des façons de faire qui n'ont pas évolué.

Une précaution cependant, vous saurez identifier les produits et solutions qui sont liés à l'affectif. L'usager pourrait se montrer peu sensible, voire totalement allergique à l'innovation, ou pour tout ce qui viendrait s'opposer à sa relation fusionnelle.

Pensez au fiasco du « nouveau Coca Cola », avant de promouvoir une proposition en poussant le curseur du biais cognitif de la nouveauté. Assurez-vous que votre interlocuteur ne devra pas faire le deuil d'un choix auquel il est lié émotionnellement.

Des adjectifs pour convaincre

Lorsqu'il s'agit de convaincre par écrit, les adjectifs et les formules descriptives sont souvent des outils rhétoriques sous-estimés. La technique est à utiliser avec parcimonie car elle alourdit le texte, ralentit le lecteur et réduit la compréhension de façon générale. Cela dit, utilisée chirurgicalement, elle offre parfois un gain persuasif étonnant.

Dans le domaine alimentaire, le docteur Brian Wansink, chercheur et professeur américain qui a travaillé dans la science du comportement du consommateur et de la recherche marketing, a constaté une augmentation des ventes jusqu'à 27% lorsque l'aliment proposé offrait une étiquette descriptive faisant appel aux sensations plutôt qu'un simple libellé sur la nature du produit.

Les exemples sont partout et la machine s'emballe parfois, vous l'avez sans doute remarqué. Il y avait un œuf dans le sandwich que l'on vous propose le matin. Il y a eu ensuite un « œuf frais », puis un « œuf fraichement cassé ». Depuis quelques années est apparue la mention de « cage-free eggs », les œufs de poules en liberté. Nos amis du marketing n'ont pas encore osé les « œufs frais de poule en liberté fraichement cassé », mais continueront à travailler chaque mot. Vous devriez faire de même, en prenant soin de ne pas transformer votre texte en argumentaire rhétorique mais en injectant occasionnellement des formules faisant référence aux émotions et aux sens. Votre texte fera alors appel à la fois à l'intellect et aux sensations, combinant une structure argumentative reposant sur le développement de démonstrations rationnelles, et une structure d'adhésion par l'émotion.

Créer une vulnérabilité contrôlée

Chaque être humain est conscient de ses fragilités intérieures. Professionnellement, il tentera souvent de les masquer pour offrir une façade toujours fiable, constante, assurée. L'entreprise n'a jamais été le lieu idéal pour se montrer faible.

Au-delà du monde professionnel, notre société nous invite à masquer nos défauts. Beaucoup d'entre nous désirent être cette personne parfaite, ou du moins projeter son image. Nous regardons ces célébrités sur Instagram, voyons leurs cheveux parfaits, leurs enfants parfaits, leurs vacances parfaites... Malgré un désir initial de ressemblance, cette perfection engendre également un autre sentiment : l'inaccessibilité.

Ce sont nos faiblesses qui nous rendent à la fois humains, semblables et accessibles. Si l'on abuse trop du masque, on peut rapidement paraitre insensible. Personne ne veut avoir l'impression de parler à un réfrigérateur. Les vulnérabilités avouées sont importantes, elles font savoir à l'autre que vous êtes également un être humain faillible, et elles permettent d'établir des liens.

Dans une situation où l'on souhaite convaincre, l'établissement de liens n'est pas à négliger. Pour autant, il convient d'agir avec prudence et de contrôler habilement le niveau de confidence auquel vous allez vous ouvrir. Demander de l'aide est souvent une bonne méthode pour créer une vulnérabilité contrôlée.

Vous faites savoir à l'autre personne que non seulement vous avez besoin d'elle, mais que vous l'avez choisi elle, pour lui demander de l'aide. Si vous appuyez trop votre demande et sa signification pour vous, vous risquez de donner à l'autre la responsabilité de vous-même, ce qui peut donner naissance à un rapport de force que vous ne souhaitez pas instaurer.

Il convient donc de formuler une demande d'aide sans que celle-ci ne vous mette dramatiquement dans l'embarras si votre interlocuteur devait refuser. Votre objectif n'est pas de vous placer dans une position de faiblesse ou de dévoilement extrême, mais d'établir un lien entre deux humains.

Imaginons que vous vouliez convaincre un employé de faire du temps supplémentaire. Vous pourriez vous inscrire en négociation, expliquer le problème d'un surplus temporaire de travail et demander à l'employé de participer avec vous dans la recherche d'une solution. Le problème à résoudre est alors perçu sous un angle collectif. En d'autres termes, il faut aider l'entreprise.

Vous pourriez également approcher l'employé en lui faisant part d'un problème, votre problème : vous devez trouver une solution pour absorber le travail additionnel et vous demandez à votre interlocuteur de vous aider, *vous*.

Mentionnez que vous allez passer pour un incapable si vous ne trouvez pas de solution et vous venez de positionner un SOS beaucoup trop criant. Vous souhaitez une collaboration et non un sauvetage, qui viendrait nécessairement avec une panoplie d'effets indésirables.

La psychologie des couleurs

Si vous doutez de l'importance des couleurs dans la psychologie de la persuasion, imaginez-vous vendre des séjours paradisiaques en Jamaïque. Votre équipe graphique est en grande forme, les photos pour illustrer vos produits sont renversantes : un beau ciel gris, de magnifiques cocotiers jaunis, une eau limpide et brune…

Inconsciemment, les couleurs transmettent des significations spécifiques ayant des implications importantes et réelles sur l'esprit de qui les reçoit. Des recherches ont montré que lorsque nous sommes exposés à certaines couleurs ayant une signification spécifique pour nous (comme le bleu azur souvent associé aux vacances pour demeurer sur l'exemple précédent), la simple perception de cette couleur peut susciter des pensées, des émotions et des comportements associés avec sa signification inconsciente.

Certaines couleurs peuvent augmenter notre attention aux détails, nous faire sentir énergiques, augmenter notre sentiment subjectif de confiance...

Les significations diffèrent parfois selon les pays et les cultures. Voyons l'usage prédominant en marketing de quelques couleurs dont l'ancrage est relativement universel.

Le rouge est associé à la sexualité et à l'appétit. Une multitude de recherches comportementales ont montré que nous sommes biologiquement préparés à répondre au rouge de manière puissante et viscérale. D'autres ont prouvé que le rouge est de nature à augmenter nos pulsations cardiaques et à nous préparer à réagir rapidement. Il s'agit donc naturellement de la couleur à privilégier pour créer un sentiment d'urgence. Pensez-y pour les appels à action de vos prochaines présentations.

Le bleu est généralement perçu comme apaisant, rassurant, agréable et relaxant. C'est aussi la couleur la plus souvent associée à la confiance, à la sécurité et à la richesse. C'est ainsi la couleur de prédilection pour les banques et les assureurs. Pensez-y pour illustrer les arguments rassurants de vos prochaines présentations.

Le vert peut avoir un large éventail de significations. Bien que principalement associés à la nature et donc considérés comme assez relaxants, les verts plus foncés représentent également le statut et la richesse (notez la couleur des cartes de crédit premium). Pensez-y pour les sections apaisantes de vos prochaines présentations.

Le jaune, contrairement au bleu, est universellement actif, excitant et stimulant. Il n'est pas associé à l'urgence comme le rouge mais à l'énergie et est généralement considéré comme une teinte porteuse de joie. Il peut cependant également susciter un sentiment de méfiance. C'est sans doute pour cette raison que le jaune est la couleur primaire la moins appréciée en marketing. Pensez-y pour les sections véhiculant de la vitalité dans vos prochaines présentations.

Le noir est évidemment associé à l'obscurité, mais il peut également représenter la rigueur, la sophistication, le luxe ou la mort. En termes de design, le noir est souvent utilisé pour exprimer la formalité et le sérieux. Pensez-y pour apporter solennité et conservatisme à tout ou partie de vos prochaines présentations.

L'ancrage de perception

Et si nous parlions un peu de gastronomie ? Nous n'irons pas dans la haute cuisine mais dans la restauration rapide. Je vais vous poser une question, la voici...

On entend parfois parler de burgers monstrueusement nourrissants dont certains dépassent 1200 calories. J'aimerais vous demander d'évaluer le nombre de calories d'un cheeseburger moyen.

Prenez quelques secondes de réflexion et poursuivons lorsque vous avez une idée en tête.

Vous venez d'être victime d'un ancrage, ici considéré comme un « ancrage extrême » car il vous a amené à vous concentrer sur les produits les plus calorifiques.

Un cheeseburger moyen, et nous prendrons le plus classique issu de la chaîne alimentaire la plus connue, pèse 290 calories. Il est probable que l'ancrage de perception inclus dans la formulation de ma question vous ait invité à une estimation bien supérieure à ce chiffre. La question faisait en effet mention de l'extrême richesse de « certains » burgers. En mentionnant les « extrêmes », vous avez été incité à la paresse, à ne pas procéder à une

grande analyse sur la question des calories des burgers. Vous avez été invité à ne pas nécessairement considérer que certains burgers peuvent être plus « légers ». Étant donné la formulation de la question, vous avez été incité à considérer un segment particulier, sans doute plus facile à visualiser.

Si la question avait omis le petit préambule « *On entend parfois parler de burgers monstrueusement nourrissants dont certains dépassent 1200 calories* », vous auriez probablement mis un peu plus de temps à réfléchir à la question, auriez considéré un panel de burgers plus large incluant les plus légers, et seriez arrivé avec une estimation plus basse.

Voyons à présent comment les ancrages de perception conservent leur puissance même lorsqu'ils sont extrêmement visibles.

Dans une expérience menée en 2006 par Birte Englich, une chercheuse en sciences sociales appliquées, des professionnels du droit étaient amenés à lire d'anciens dossiers criminels. Ils devaient prendre connaissance de la réquisition de l'accusation sous la forme du nombre de mois d'emprisonnement demandé, et décider de la peine à prononcer.

Une forte corrélation est apparue entre la réquisition et la décision. Plus la peine demandée était basse, plus la décision était basse, plus la peine demandée était haute, plus la décision était haute. Il s'agit d'un effet d'ancrage évident et relativement facile à comprendre : les professionnels ont jugé sur la base de faits, et ont été influencés par la suggestion, ce qui est relativement attendu.

L'expérience s'est poursuivie avec un autre groupe de professionnels du droit pour lesquels il a été précisé que la peine demandée n'émanait pas de l'accusation ou du parquet mais avait été choisie de façon totalement aléatoire. Étonnamment, le même phénomène s'est produit : plus la peine aléatoirement demandée était basse, plus la décision était basse, plus la peine aléatoirement demandée était haute, plus la décision était haute.

Le cerveau humain est conçu pour fournir le moins d'effort possible. Même lorsque motivés à produire des jugements précis, nous essayons souvent de restreindre l'espace de la réflexion à une zone limitée pour faciliter et accélérer notre délibération. L'ancre invite ainsi à se rapprocher d'elle dans la décision, incite à ne pas envisager les options qui seraient trop éloignées.

Lorsque vous voulez convaincre, et que l'option présentée nécessite un effort d'estimation de votre interlocuteur, l'intitulé et l'enrobage de l'offre sont essentiels.

Imaginons que vous remettez un travail sur lequel vous savez que vous allez être jugé par votre hiérarchie, ou par un client, et sachant que la qualité réelle de votre livrable n'est pas ridicule, vous mentionnez sur le ton de la blague : « si ça c'est pas un rapport qui mérite un A+ !!! » ou encore « si ça, c'est pas la meilleure offre commerciale que vous allez recevoir cette année !!! ». Ce faisant, vous posez un ancrage de perception. Vous situez vos attentes de jugement et invitez votre interlocuteur à vous évaluer dans les alentours immédiats de la perfection. N'oubliez pas que l'ancrage fonctionne même s'il est visible, même s'il est avoué.

Il existe une autre technique, plus subtile, pour tirer parti des ancrages. Elle consiste à poser un ancrage de contraste. Revenons sur nos burgers pour un dernier exemple alimentaire.

Faites l'expérience autour de vous. Demandez à un premier groupe d'amis le nombre de calories d'un BigMac. Posez la même question à un second groupe d'amis après leur avoir dit que vous aviez envie d'une petite salade. Vous constaterez certainement une surévaluation calorifique dans le second groupe.

Votre salade, votre désir de légèreté, est devenue un point d'ancrage extrême qui influence votre auditoire à percevoir des burgers plus caloriques. Après avoir mentionné une salade, le burger est apparu en contraste et vos amis ont été invités à limiter leur zone de réflexion dans les budgets de calories élevés, sans considérer les burgers plus légers, comme dans le premier exercice. Ici cependant, c'est en faisant mention de faibles calories et en utilisant la technique du contraste que vous avez influencé à la hausse les estimations.

Finalement, nous allons étudier une dernière technique visant à offrir plusieurs ancrages dans un ensemble de propositions. Comme précédemment, débutons par un exemple.

Comme le décrit Dan Ariely dans Predictably Irrational, les options que vous présentez à votre interlocuteur peuvent devenir des points d'ancrage qui seront utilisés pour comparer les autres options. Dans l'expérience, deux formules d'abonnement à un magazine étaient proposées à un public :

- Produit A : abonnement en ligne pour $59
- Produit B : abonnement en ligne et version papier pour $125

Face à ces deux options, 68% des étudiants ont choisi l'abonnement en ligne et 32% ont choisi l'abonnement en ligne et version papier, une distribution qui a généré 8 012 dollars de revenus.

Un phénomène fascinant s'est produit lorsqu'une nouvelle option d'abonnement a été ajoutée, le produit B- :

- Produit A : abonnement en ligne pour $59
- Produit B- : abonnement version papier pour $125
- Produit B : abonnement en ligne et version papier pour $125

Pourquoi choisir B- puisque pour le même prix le produit B offre l'abonnement en ligne et version papier ? Effectivement, personne n'a opté pour cette formule.

Néanmoins, sa simple présence a radicalement changé le résultat et augmenté les revenus de 8 012 à 11 444 dollars. Le pourcentage de personnes choisissant l'abonnement en ligne uniquement est passé de 68 % à 16 %, tandis que le pourcentage de personnes choisissant l'abonnement en ligne et imprimé est passé de 32 % à 84 %.

En raison des effets de contraste, le produit B est apparu une meilleure option parce mis en concurrence avec le produit B–, une option clairement moins avantageuse. Puisqu'il n'y avait pas de produit équivalent auquel le produit A pouvait être comparé, les étudiants étaient plus susceptibles de choisir le produit B parce qu'ils le considéraient comme la meilleure option.

Retenez que lorsque vous voulez convaincre sur une option parmi une liste, vous pouvez ajouter une nouvelle option similaire à une existante, mais meilleure ou pire sous certains aspects. Ce faisant, vous donnez à votre interlocuteur un point d'ancrage qu'il peut utiliser pour juger de l'option similaire existante.

Comme vous le voyez, il existe de nombreux cas où fournir un ancrage permet de renforcer votre persuasion. Cette pratique nécessite de la préparation et un peu d'expérience. Si vous n'osez pas pratiquer immédiatement dans votre sphère professionnelle, débutez dans votre cellule familiale. Vous pourrez à postériori faire part à vos proches des astuces psychologiques que vous avez utilisées pour les influencer et vous faire pardonner en leur expliquant la technique, pour que vous soyez dorénavant à armes égales.

La cohérence comportementale

La dissonance cognitive est la tension interne propre au système de pensées, croyances, émotions et attitudes d'une personne lorsque plusieurs d'entre elles entrent en contradiction l'une avec l'autre. Il s'agit d'une des douleurs psychologiques les plus perturbantes auxquelles une personne puisse être soumise. Ce concept a été formulé pour la première fois par Leon Festinger, psychosociologue américain célèbre pour avoir infiltré une secte prophétisant la fin du monde.

Festinger et son équipe furent interpellés par un article publié dans leur journal local intitulé « La prophétie de la planète Clarion lance un appel à la ville : fuyez cette inondation ». Une prétendue médium, Marion Keech, affirmait avoir reçu, chez elle, de mystérieux messages d'un messie sous la forme d'écritures automatiques provenant d'extraterrestres de la planète Clarion. Ces messages lui ont révélé que le monde terrestre serait englouti par une gigantesque inondation avant l'aube du 21 décembre 1954. Le groupe de croyants, menés par Keech, s'est fortement mobilisé, faisant preuve d'un degré de conviction exceptionnel. Beaucoup ont quitté leur emploi, certains leur conjoint. D'autres ont dilapidé leurs argent et biens terrestres pour préparer leur départ à bord d'un vaisseau extraterrestre promis par Keech pour sauver les vrais croyants, juste avant le cataclysme.

Festinger et ses collègues considérèrent la situation comme susceptible de conduire à d'importants phénomènes de dissonance après l'échec de la prophétie. Ils pensaient que le camouflet de la réalité serait suivi d'un effort de prosélytisme massif pour rechercher un soutien social et ainsi réduire la douleur issue de l'intense désillusion à venir. Quelques semaines avant le 21 décembre prétendument fatidique, Festinger infiltra la secte pour observer les comportements humains le soir et le lendemain du grand jour annoncé.

Les adeptes se réunirent à l'endroit et au moment convenus dans la certitude qu'ils seraient les seuls à survivre à la destruction de la Terre. Comme vous l'imaginez, il ne se passa rien de notable, point de soucoupe volante pour les transporter en lieu sûr.

Comme anticipé par Festinger, les adeptes se trouvèrent alors confrontés à la douleur d'une dissonance cognitive intense. La majorité des membres de la secte s'orienta immédiatement vers une nouvelle croyance pour assimiler le fait trop douloureux que la réalité ne concordait pas avec leurs attentes : ils imaginèrent que les extraterrestres avaient donné à la Terre une seconde chance et que le groupe était maintenant renforcé dans une mission écologique visant à stopper la destruction progressive de la planète. Comme prévu, la cohésion du groupe et son prosélytisme se sont vu décuplés, en dépit du fait que la prophétie ait échoué.

Cet exemple illustre un mécanisme psychologique extrêmement puissant et l'effort considérable que peut développer le cerveau humain pour réduire ou résoudre la tension psychologique induite par la dissonance cognitive.

Gregory Bateson, anthropologue, psychologue, épistémologue américain résumait ainsi le phénomène : « Plus un apprentissage a été difficile, malaisé, douloureux ou même humiliant, moins l'individu est prêt à remettre en cause la valeur de ce qui lui a été enseigné. Cela signifierait en effet qu'il a investi et souffert pour rien ».

Sans aller dans des exemples aussi extrêmes que dramatiques, tournons-nous vers une autre expérience célèbre sur le sujet menée dans les années 1960 par Freedman et Fraser.

Deux chercheurs frappèrent à la porte de résidences pour demander aux propriétaires l'autorisation d'installer sur leur pelouse une affiche aussi grande que laide au slogan « Conduisez prudemment ». Devant le côté monstrueux de l'affiche, seul 17% des ménages acceptèrent, l'écrasante majorité rejetant la demande en en mentionnant ses aspects étranges, incommodes et l'apparence particulièrement inesthétique de l'immense pancarte.

Les chercheurs menèrent alors une seconde campagne : ils demandèrent dans un premier temps aux propriétaires l'autorisation d'installer un petit panneau de taille négligeable déclarant « Soyez un conducteur prudent ». Presque tous les sollicités acceptèrent.

Quelques semaines plus tard, les mêmes chercheurs, après avoir remercié les participants pour leur action militante en faveur de la sécurité routière, demandèrent l'autorisation d'installer les mêmes panneaux gigantesques et hideux qui avaient été rejetés massivement par le premier groupe. 76% des propriétaires acceptèrent.

Ici aussi, la dissonance cognitive avait créé une tension telle, qu'il était naturel pour les résidents de trouver des justificatifs aux côtés inconfortables et laids des panneaux géants, plutôt que de gérer le conflit de ne pas suivre un système de valeur dans lequel ils s'étaient déjà engagés.

La cohérence comportementale est si puissante qu'elle explique certaines des attitudes les plus irrationnelles que nous observons : les partisans d'un homme politique qui rejettent les pratiques malhonnêtes de leur protégé, remettant en cause la bonne foi et l'honnêteté de ceux qui les révèlent malgré les preuves, l'effet placebo d'un patient qui refuse que son investissement personnel ou financier puisse être totalement inutile, les phénomènes de superstition...

Dans une stratégie de persuasion, il est parfois possible de faire subtilement remarquer à son interlocuteur qu'un refus, ou une option que l'on ne privilégie pas, irait à l'encontre de ses croyances ou de ses valeurs. L'approche doit être astucieuse pour ne pas paraître comme une confrontation.

Il est également parfois possible de procéder en deux étapes, comme dans la campagne de prévention routière : une première demande, non significative, peu contraignante, mais installant votre interlocuteur dans une posture, une croyance, des valeurs... puis une seconde demande, beaucoup plus conséquente, pouvant créer une dissonance cognitive en cas de refus.

Les similarités

Les similitudes mises en évidence agilement participent à renforcer notablement votre pouvoir de persuasion.

D'un point de vue évolutionniste, nos ancêtres étaient attirés par les apparences similaires car perçues comme moins menaçantes. La différence engendrait un réflexe de méfiance. Aujourd'hui encore, les similitudes continuent d'exercer un pouvoir inconscient énorme. Ce phénomène est connu sous le nom du principe d'égoïsme implicite.

Débutons par une expérience réalisée par le chercheur en psychologie Jerry Burger en 2004. Des petits groupes d'étudiants sont assemblés dans le cadre d'une fausse étude. Dans un premier temps, quelques informations personnelles sont partagées publiquement, dont les dates de naissances, puis les avis de chacun sont collectés sur des sujets futiles. La fausse étude se termine et les étudiants sont sur le point de se séparer lorsqu'une étudiante, complice de l'expérience, demande de l'aide à des participants : elle prétend devoir rendre un devoir et recherche une personne pour effectuer une relecture et un commentaire sur son travail. La demande est relativement contraignante car le commentaire doit être rédigé par écrit et couvrir environ une page.

L'expérience est reproduite avec plusieurs petits groupes et le même constat demeure : le taux de réponse positive à la sollicitation augmente grandement pour les participants partageant fortuitement la même date de naissance que l'étudiante complice.

Une nouvelle étude est menée où l'on prétexte avoir besoin de l'empreinte digitale de l'index des participants. Cette fois, plutôt que de mettre en évidence un anniversaire commun entre deux personnes, il est fait mention qu'un participant dispose de la même empreinte digitale que l'étudiante complice. Parfois, il est précisé que c'est en raison d'une empreinte digitale relativement courante. D'autres fois, l'étonnement est appuyé car l'empreinte digitale est présentée comme extrêmement rare.

Dans la population sans mention particulière, 48% des étudiants sollicités acceptent la demande d'aide.

Dans la population avec laquelle il est fait mention d'une empreinte identique mais relativement commune, 55% des étudiants sollicités acceptent la demande d'aide.

Dans la population avec laquelle il est fait mention d'une empreinte identique et pourtant extrêmement rare, 82% des étudiants sollicités acceptent la demande d'aide.

Toute similitude exprimée rendra votre interlocuteur plus susceptible d'accepter votre demande, cette pression augmentera en fonction de la rareté de cette similitude, y compris lorsque celle-ci n'a rien en commun avec l'objet de la demande. Si vous rencontrez votre interlocuteur pour la première fois, prenez un moment pour en apprendre davantage sur lui, posez des questions sur sa vie, ses passions... Non seulement cela démontrera de votre intérêt, mais surtout, cela vous permettra d'identifier des similitudes.

N'hésitez pas à révéler toute similarité découverte afin de solliciter l'égoïsme implicite de votre interlocuteur, surtout si la caractéristique commune est rare. Des similitudes banales comme un prénom partagé, un ami commun, un intérêt similaire peuvent vous paraitre fortuites, hors de propos ou sans importance. Elles participeront cependant à établir un lien identitaire au service de votre pouvoir de persuasion.

La puissance de la répétition

Nous allons aborder un concept extrêmement simple à pratiquer et offrant des résultats stupéfiants à qui sait agir avec finesse.

La mécanique psychologique se joue en trois actes. Acte 1 : plus nous sommes exposés à un objet, moins notre esprit lui oppose de résistance. Acte 2 : moins notre esprit offre de résistance à un objet, plus notre cerveau le traite rapidement. Acte 3 : nous sommes davantage séduits par les objets que notre cerveau peut traiter rapidement. Conclusion, plus nous sommes exposés à un objet, à un concept, à une information, plus nous l'apprécions.

Cette affirmation peut vous sembler infondée, abusive, contre-intuitive. Quelques exemples vous convaincront.

N'avez-vous jamais remarqué que vous n'êtes jamais séduit par la première écoute de la toute dernière chanson d'un artiste que vous appréciez. Pourtant, après quelques écoutes supplémentaires, vous commencez à la trouver à votre gout, pour enfin la trouver remarquable puis exceptionnelle. La chanson n'a pas changé, votre gout non plus. Vous avez été soumis à un effet d'exposition, un principe psychologique aussi connu sous le nom de principe de familiarité.

Imaginez-vous arriver dans une nouvelle ville une semaine avant une élection municipale. Vous ne connaissez aucun candidat, aucun groupe politique, et n'avez aucune information vous permettant de faire un choix éclairé. Toutes les études démontrent que si l'on vous demande vos impressions sur les candidats, plus vous aurez été exposé à la photo d'un d'entre eux, et en dehors de toute autre information, plus vous aurez un apriori positif sur celui-ci. C'est pourquoi les partis politiques multiplient les panneaux d'affichage avant les élections, pour s'assurer que les futurs votants non seulement connaissent le nom et l'apparence de leurs poulains, mais qu'ils y ont été exposés le plus possible.

Autre exemple, si l'on vous montre des photos de vous inversées horizontalement (la droite à gauche), et des photos non inversées, vous allez naturellement préférer les photos inversées. Elles correspondent à l'image de vous que vous voyez tous les matins dans le miroir. À l'inverse, vos amis vont naturellement préférer vos photos non inversées, car elles satisfont davantage au principe de familiarité : elles demandent moins de temps de traitement et bénéficient ainsi d'un capital de sympathie.

Ce biais cognitif est si puissant que toutes les grandes entreprises y consacrent un poste budgétaire considérable. Si nous devons nous décider entre deux marques, nous fonderons partiellement notre décision sur la facilité avec laquelle les postulantes nous viennent à l'esprit. En d'autres termes, plus nous sommes exposés à une marque, moins elle offre de résistance à notre esprit, plus elle est traitée rapidement par notre cerveau, plus nous nourrissons un apriori positif à son endroit.

La publicité n'a qu'un objectif : imprimer, réimprimer, réimprimer, un message, un slogan, un produit, un logo dans nos cerveaux afin d'activer le principe de familiarité lorsque nous sommes face à un choix. Plus forte est la répétition en nombre d'expositions et en fréquence, plus efficace est l'impression, plus profond est son effet.

Ce qui fonctionne pour des chansons, des paires de chaussures, des candidats à une élection, des marques de voiture, fonctionne également lorsque les expositions sont inconscientes. L'efficacité des publicités subliminales n'est plus à prouver. Les études démontrent qu'une exposition inconsciente répétée est plus puissante que la même exposition consciente. En effet, les représentations subliminales activent une réponse émotionnelle sans déclencher un processus cognitif. Elles sont plus performantes que l'exposition consciente parce que chaque fois que nous évaluons consciemment quelque chose, nous attachons d'autres significations et associations à ce stimulus, modifiant et dégradant ainsi notre évaluation de celui-ci. Les expositions non conscientes empêchent ces associations potentiellement négatives et produisent donc souvent des effets plus puissants que les expositions conscientes.

Voyons maintenant comment tirer parti du principe de familiarité en abordant un dernier exemple. En 1993, Bruce W. Whittlesea expose un premier groupe à un texte se terminant par un mot quelconque (« bateau » dans son expérience) et demande au groupe d'évaluer le mot en question sur une échelle de sympathie. Il fait de même avec un second groupe mais en s'assurant que le mot apparaisse deux fois dans le texte. Les résultats sont sans appel, le mot est ressorti nettement plus sympathique pour le second groupe.

Vous l'avez compris, vous pouvez augmenter vos chances de persuader quelqu'un d'accéder à une demande en en mentionnant avec désinvolture le sujet quelque temps avant d'exprimer formellement votre demande. Plus votre intervention préparatoire sera subtile et répétée, plus elle aura de chance d'avoir un effet positif.

Votre équipe doit élire un logo parmi une liste préparée par vos graphistes et vous souhaitez convaincre l'assemblée de choisir votre favori ? Laissez-le trainer sur la table de réunion deux ou trois jours avant le dévoilement des propositions. Maladroitement, présentez-le deux fois dans votre PowerPoint. Laissez-le à l'écran à la fin de la présentation afin qu'il imprime les esprits plus que d'autres.

Vous avez prévu d'aller au restaurant ce soir ? Un restaurant japonais aurait votre préférence mais convaincre votre partenaire de vie sera difficile ? Prenez-vous-y d'avance : reparlez des jeux olympiques de Tokyo le matin, une petite musique japonaise dans l'après-midi, un manga qui traine négligemment sur la table du salon toute la journée, un « et si on achetait un bonsaï ? » impromptu à 16h ... Soyez naturel et votre moitié ne fera pas le lien mais se verra nécessairement influencée par l'avalanche de japonaiseries inconscientes tout au long de la journée.

Soyez subtil, et bons sushis !

Le sens de l'urgence

Fondamentalement, l'urgence est le sentiment que quelque chose est important et exige votre attention ou votre action immédiate, qu'il s'agisse d'une situation dangereuse, d'un temps limité pour prendre une décision ou d'une disponibilité restreinte. L'urgence s'appuie sur la peur, dont nous savons qu'elle est une émotion agissant comme un puissant facteur de persuasion.

Il est possible de créer un sentiment d'urgence de plusieurs manières, comme limiter le nombre de produits, services et solutions disponibles. Quand quelque chose est rare, il est perçu comme précieux et déclenche ce besoin humain pour éviter la perte, ici la perte d'un choix.

Une autre façon de créer un sentiment d'urgence est d'offrir une incitation à prendre une décision le plus tôt possible. En utilisant le même levier psychologique d'aversion à la perte et en y combinant celui de l'aversion au risque, le besoin d'agir rapidement peut être présenter pour éviter les dangers, les tracas et les pertes, ou encore pour obtenir des avantages supplémentaires, ou ne pas les perdre.

Cependant, l'urgence créée doit être réelle, cohérente, votre rôle se limitant à la mettre en évidence et non à la créer de toute pièce. Un faux sentiment d'urgence vous ferait passer pour un manipulateur et vous risqueriez de perdre instantanément crédibilité et confiance.

Lorsque la situation le permet, offrez une raison ou une incitation pour agir rapidement, présentez la situation calmement et sereinement. Vous ne voulez pas créer un sentiment de panique ni de perte de contrôle mais au contraire mettre en avant une situation réelle pour inciter sans forcer à une décision rapide. En d'autres termes, n'abusez jamais de cette technique, votre réputation serait rapidement compromise.

Non !

« Avez-vous $2 ? », « Peux-tu m'aider ? », « Tu as 5 minutes ? »

L'évocation même de ces questions doit provoquer un sentiment légèrement désagréable. « oui », c'est s'engager, souvent dans quelque chose qui ira bien au-delà du $2, d'un conseil basique ou d'un 5 minutes.

Qu'en est-il des demandes plus contraignantes de ce que votre cerveau interprètera comme : « on peut se rencontrer pour que je vous déballe toute mon artillerie de vente au sujet de mon produit ? », « je peux vous proposer de vous expliquer comment votre vie sera meilleure si vous ajoutez 150 chaines de télévision à votre accès internet de base ? », « je peux vous convaincre que la fin du monde approche et qu'il faut adhérer à notre communauté pour être sauvé ? »

Indépendamment de la question posée, « non » est une réponse psychologiquement beaucoup plus facile à obtenir que « oui ». « non » ne véhicule pas l'engagement, l'exposition, mais au contraire la protection. Incidemment, dire « non » est psychologiquement associé à un sentiment de sécurité.

Si vous essayez d'obtenir un « oui » et n'y parvenez pas, vous venez de vous embourber dans une situation qu'il est rare de pouvoir renverser. Votre tentative a fait face à une objection solide, votre interlocuteur a pris la position de ne pas vouloir s'engager et peu de choses pourront le faire changer d'avis, la cohérence comportementale l'emportera. En d'autres termes, vous avez créé un blocage, il est peu probable que vous puissiez continuer à avancer.

Si vous essayez d'obtenir un « non », vous aurez beaucoup plus de facilité d'y parvenir. D'autre part, vous n'aurez pas créé de sentiment d'engagement. Au contraire, votre interlocuteur demeurera dans une perception de contrôle et de sécurité, vous pouvez ainsi continuer à avancer.

La démonstration est faite, ne cherchez plus des réponses affirmatives mais des réponses négatives. Trouveriez-vous cela idiot d'essayer ?

Prenons un moment pour analyser la question que je viens de vous poser et imaginons que nous sommes face à face. J'aurais pu vous demander « voulez-vous essayer ? », « voudriez-vous essayer ? », « allez-vous essayer ? ». Je tenterais alors d'extraire ce si pénible « oui », celui qui traduit votre engagement... Si vous avez une objection, je me retrouve embourbé.

Si, en revanche, je vous demande « Trouveriez-vous cela idiot d'essayer ? », votre « non » sera probablement plus facile à obtenir, me laissant la place de poursuivre mon chemin. Vous avez déjà admis que ma proposition est sensée.

Avec un peu d'expérience, vous pouvez transformer toutes vos questions attendant un « oui » par des questions attendant un « non ». Ne demandez plus jamais « 5 minutes » à quelqu'un, exposez-lui plutôt très rapidement un sujet et demandez-lui s'il serait une perte ridicule de son temps que de prendre 5 minutes pour en parler.

La rhétorique hypnotique

Il existe des astuces verbales très spécifiques que vous pouvez utiliser pour orienter l'esprit de votre interlocuteur dans la direction de votre choix.

Si moi, auteur de ce livre, je vous demander de ne surtout pas penser à « un éléphant jaune », je suis assez persuadé que vous allez le faire : un magnifique éléphant jaune va monopoliser une ou deux secondes de votre cerveau. Je viens de vous forcer en vous interdisant. Il s'agit d'une astuce d'une puissance redoutable. Même si vous relisez ce chapitre demain, vous ne pourrez résister. Mon interdiction va à nouveau obliger votre cerveau à visualiser cet éléphant jaune.

Les chercheurs qui étudient l'hypnose ont découvert qu'il existe de nombreuses façons d'amener une personne dans un état d'esprit spécifique, puis de la faire réfléchir ou visualiser ce que l'hypnotiseur désire. Il peut s'agir de posséder un produit, profiter des avantages d'un service, voter pour un candidat, pendre une action…

Visualiser quelque chose est très souvent l'étape préliminaire indispensable à son acceptation. Cette visualisation facilite la concrétisation par une décision consciente.

Si je souhaite vous vendre un joli cabriolet rouge, une grande partie de mon travail de conviction va consister à ce que vous vous visualisiez comme propriétaire de cette voiture. Ma facilité à vendre est directement liée à ma capacité d'imprimer votre cerveau de cette image.

En termes hypnotiques, la « présupposition » désigne l'intention que vous placez derrière ce que vous dites. Par exemple, si je vous dis : « Avant de travailler ensemble sur ce rapport, prenons une pause, d'accord ? » Cela présuppose que vous allez travailler avec moi sur ce rapport. Le « d'accord ? » final est particulièrement rusé car ambigu.

S'agit-il d'être d'accord sur le fait de prendre une pause ? De travailler ensemble sur le rapport ? D'une séquence pause puis travail ensemble ?

La construction syntaxique de la phrase, le peu de temps laissé pour répondre (il ne s'agit pas d'une question ouverte), et la tonalité de ce « d'accord ? » qui n'a volontairement pas vraiment été prononcé comme une question mais plutôt comme un « allons prendre l'air »... trois éléments concordants : il est question de faire une pause, c'est ce que l'on retient, c'est ce que l'on acquiesce, c'est ce que l'on s'apprête à faire.

La première partie de la phrase a cependant traversé l'esprit et créé une empreinte et une visualisation : « Avant de travailler ensemble sur ce rapport ».

Voici quelques formules de rhétorique hypnotiques :
- Je ne vous dirais pas de *faire ceci*, c'est votre décision.
- C'est à toi de découvrir que *faire ceci* amène à *cela*.
- Tu peux *faire ceci* demain si tu ne veux pas aujourd'hui.
- Comment faites-vous pour décider *ceci* ?

Dans ces 4 cas, le « ceci » à nécessairement imprimé le cerveau de votre interlocuteur sans créer une impression trop pressante.

Évidemment, une multitude d'autres formules sont possibles, assurez-vous de faire des conjonctions entre l'option que vous présentez comme hypothétique ou réelle, et une autre préposition, potentiellement une évidence. L'effet n'est pas garanti, mais vous augmenterez les chances que votre interlocuteur accepte une solution qu'il aura déjà visualisée une ou plusieurs fois grâce à vos formulations.

Imaginez votre pouvoir de persuasion et votre reconnaissance sans limites envers l'auteur de ce livre lorsque vous utiliserez toutes les techniques exposées, phrase finale de ce livre, qui constitue, elle-même, une formulation hypnotique.

Si vous avez le sentiment que ce livre vous a été utile, nous apprécierions grandement une évaluation étoilée sur la plateforme où vous l'avez commandé.

D'autre part, n'hésitez pas à contacter l'auteur pour toute question, suggestion, ou pour une demande de connexion LinkedIn :
- o *jerome@jeromearnaud.com*
- o *linkedin.com/in/jeromearnaud/*

Merci à Catherine F., Caroline J., Cédric C. et Yves D. pour vos précieux conseils

Printed by Amazon Italia Logistica S.r.l.
Torrazza Piemonte (TO), Italy

53468955R00117